AF620233

Couvertures supérieure et inférieure manquantes

Cautionnement de plaquettes d'édition

BIBLIOTHÈQUE NATIONALE

Les Guerres et la Paix

1904

8° Z 14 0

DU MÊME AUTEUR

Dictionnaire de physiologie. 3 vol. in-8°. Paris, Alcan, 1893-1899.

La chaleur animale. 1 vol. in-8°. Paris, Alcan, 1893.

Essai de psychologie générale. 1 vol. in-8°. Paris, Alcan, 1895.

Pour les grands et les petits. Fables. Avec préface de Sully-Prudhomme. 1 vol. ill. Hachette. Paris, 1896.

La douleur des autres. 1 vol. in-8°. Paris, Ollendorff, 1896.

Dans cent ans. 1 vol. in-8°. Paris, Ollendorff, 1895.

Les Suites de la guerre, de Rubens. (Cliché Braun, Clément et Cie).

LES LIVRES D'OR DE LA SCIENCE

Les Guerres et la Paix

ÉTUDE SUR L'ARBITRAGE INTERNATIONAL

PAR

CHARLES RICHET
Professeur à l'Université de Paris

Avec 19 Figures dans le texte

et quatre Planches en couleur hors texte

Dépôt Légal
Seine
No 70
1904

PARIS
LIBRAIRIE C. REINWALD
SCHLEICHER FRÈRES, ÉDITEURS
15, RUE DES SAINTS-PÈRES, 15
1899

Droits de traduction et de reproduction réservés pour tous les pays
y compris la Suède et la Norwège

DÉDICACE

Il existe, dans notre société présente, un petit groupe de penseurs, de philosophes, d'esprits libres. Ce n'est pas à ceux-là que s'adresse ce livre. Nous n'avons pas à les guider ; car ils sont nos maîtres : nous ne faisons que suivre leurs leçons, et nous ne sommes ici que l'écho de leur pensée.

Il existe un groupe, beaucoup plus nombreux, de bourgeois, esprits timorés, intelligences modestes, fanatiques du passé, enfermés dans la conception étroite du présent, incapables de prévoir l'avenir. Ils ne veulent rien de ce qui est juste ; ou plutôt ils croient que toute notre organisation sociale est juste. Ils ne sont donc pas aptes à être convertis, et ils mourront dans l'impénitence finale. Ils déclarent que la guerre est nécessaire ; et ils en sont tout consolés ; car ils n'en souffrent pas, ayant trouvé d'excellents moyens de se soustraire au service militaire, puisque leurs fils sont ou officiers ou dispensés. D'ailleurs ils sont riches ; ils ont le superflu, et quelques impôts de plus ou de moins ne les atteindront pas. Ces hommes-là, nous ne cherchons pas à les convaincre. Il est inutile qu'ils nous lisent. Nous passons par-dessus eux.

C'est pour le peuple que nous écrivons, pour

les prolétaires, les artisans, les ouvriers, les paysans surtout, ces rudes et dociles travailleurs qui sont les petits soldats, la vulgaire chair à canon avec laquelle se fait la gloire des grands capitaines. S'ils nous condamnent, c'est parce qu'ils ne peuvent pas nous entendre. Mais il faudra bien qu'un jour ou l'autre ils nous entendent.

C'est donc à vous que nous dédions ce livre, à vous, les humbles, les petits, les opprimés, et nous vous disons :

« Enfants, on vous égare. On vous met sous le joug ; on vous conduit à l'abattoir ; on vous fait verser le sang d'hommes qui sont vos frères, victimes comme vous, esclaves comme vous. Parlez donc. D'un mot, vous pouvez remplacer la violence par le droit et la guerre par la paix. Paysans de France, paysans d'Italie, paysans d'Allemagne, paysans d'Angleterre, parlez. Pendant des siècles, vous avez enduré de stériles souffrances. Parlez, et n'attendez votr libération que de vous-mêmes. »

LES
GUERRES ET LA PAIX

[library stamp]

La guerre peut se définir d'un mot : c'est la violence.

Un loup affamé rencontre un chevreau dans la forêt; il se jette sur lui, l'égorge et le mange. C'est la guerre ; car, pour qu'il y ait état de guerre, il n'est pas besoin que la force soit égale entre les combattants. C'est même une excellente condition de guerre que d'être beaucoup plus fort que l'adversaire.

Un autre loup rencontre le mangeur du chévreau. Il veut saisir cette proie. Il grogne, montre les dents. Entre les deux loups la lutte s'engage. C'est encore la guerre. Car il n'est pas besoin que les deux combattants soient d'espèce ou de famille différentes pour qu'il y ait guerre. Les frères se battent sans pitié entre eux.

L'homme arrive à son tour : il veut châtier le loup qui lui a mangé le chevreau. Avec son bâton, son coutelas, sa carabine, il engage la lutte, et c'est encore la guerre.

Il est possible que le droit soit du côté de l'homme, et non du côté du loup. Mais ce n'est pas parce que l'homme a raison qu'il va tuer le loup, c'est parce qu'il a la force. Eût-il tous les torts, il triompherait encore, parce qu'il est le plus puissant; et c'est là l'essence de la guerre que d'assurer le triomphe du plus fort, non du plus juste.

De tout temps, il y a eu des guerres entre les hommes. Tribus sauvages ou nations soi-disant civilisées, c'est tout un. De tout temps les hommes ont employé leur énergie, leur talent, leur courage, à se détruire l'un l'autre.

Est-ce bon? Est-ce nécessaire? Voilà ce que nous essayerons d'examiner, sans colère et sans passion.

Autrement dit, faut-il laisser à la violence le soin de gouverner le monde?

Est-il possible de concevoir des sociétés dont l'état de guerre, ouverte ou latente, ne soit pas la base?

Et si oui, par quels moyens réaliser, dans un prochain avenir, cet état social nouveau?

I

LES CAUSES DES GUERRES

Naturellement toutes les guerres, comme toutes les querelles, ont une cause. Mais cette cause est si peu honorable qu'elle n'est jamais avouée.

Une bande sauvage s'établit dans une contrée fertile. Elle cultive du blé, sème du maïs, creuse des puits, construit des habitations, prospère grâce à son travail et à son industrie. La peuplade voisine envie ces richesses et déclare la guerre, sans autre raison que le désir du pillage.

Qu'il s'agisse d'une tribu barbare ou d'une nation qui se prétend policée, la guerre relève toujours du même principe : le pillage. Mais, quand le pillage est colossal, il prend un autre nom; il s'appelle conquête. Les fauteurs et directeurs de ce pillage organisé sont les conquérants.

Alexandre a conquis la Perse, l'Asie Mineure et l'Inde. Ce n'est qu'un vaste brigandage. César a conquis les Gaules; mais cette conquête, menée avec une barbarie sanguinaire, sans exemple même dans l'histoire peu édifiante des autres guerres, fut une vraie entreprise industrielle. Les guerres d'Alexandre et de César, d'ailleurs fort lucratives, peuvent-elles avoir eu d'autres causes que la rapine? Ce n'étaient pas les Indiens ou les Perses qui menaçaient le roi de Macédoine. Ce n'étaient pas les Bretons ou les Gaulois qui pouvaient porter ombrage à la puissance de Rome.

La conquête est donc un pillage, une rapine, un vol. Souvent, dans leur naïveté, les conquérants ne craignent pas de le reconnaître. Quand les Espagnols arrivèrent au Mexique ou au Pérou, ce fut avec l'intention d'y trouver de l'or, et ils détruisirent les malheureuses populations indigènes pour en faire des esclaves et pour s'emparer de leurs richesses. Napoléon, pendant les quinze années de ce pouvoir absolu qui lui permit de déchaîner sur l'Europe toutes les calamités de la guerre, déclarait franchement son désir d'asservir le monde. Louis XIV, Frédéric II, Charles XII, Annibal, furent, comme César, Alexandre, Cortez, Pizarre et Napoléon, de grands conquérants, c'est-à-dire des brigands de taille démesurée.

A vrai dire, il y a une différence entre la conquête par un peuple civilisé et le pillage par une horde de sauvages. Quand une troupe de sauvages envahit un pays, chacun des conquérants y trouve son profit; ceux qui ont eu la chance de survivre à la lutte, et de remporter la victoire, ont part au butin, et ils sont dédommagés de leurs peines par les dépouilles qu'ils emportent. Chacun ramène dans sa case, le soir de la razzia, qui une chèvre, qui une bouteille d'alcool, qui une étoffe de soie rouge, qui une femme. Mais, dans nos guerres de conquête, il n'y a pas pour les vainqueurs de pareils bénéfices. Ou plutôt ces bénéfices sont réservés à un seul : au maître qui a commandé. Les soldats de l'armée victorieuse n'ont que des profits très problématiques. Des décorations, quelques pensions, un ou deux jours de bombance, lesquels compensent assez mal les longues privations : voilà ce que rapporte la conquête aux conquérants. Nous parlons, bien entendu, des mieux partagés, de ceux qui survivent, de ceux qui n'ont ni un œil, ni un membre de moins. Ceux-là doivent se satisfaire par une bonne parole du prince, additionnée de quelques largesses, vite épuisées, comme par exemple une ration de vin supplémentaire, le soir de la victoire.

Par conséquent, la conquête est due à l'aveuglement d'un peuple qui donne son or et son sang pour assurer au prince et à la famille du prince, non seulement de la gloire militaire, mais encore des palais luxueux, des serviteurs abondants et une plus large dose de puissance.

Il faut donc que, pour déterminer son peuple à agir avec cette insigne stupidité, le souverain ait, longtemps à l'avance, préparé les voies, en développant certains sentiments factices.

Les souverains d'autrefois n'avaient pas besoin de tant de précautions. Quand Louis XIV ou Charles-Quint entreprenaient quelque nouvelle guerre, ils ne prenaient pas, vis-à-vis de leurs peuples, le souci un peu humiliant d'expliquer leur conduite. Le peuple était fait pour obéir, et l'armée pour marcher. Nul besoin d'invoquer même l'apparence du bon droit.

Mais, dans les temps modernes, les peuples sont devenus un peu plus exigeants. Si dociles qu'ils soient à la voix qui les appelle aux armes, si naïfs et si crédules qu'ils se montrent encore, il faut, pour que les conquérants trouvent en leurs sujets des instruments maniables, que ces pauvres sujets soient habilement préparés à la guerre par ce sentiment magique que les rois appellent l'honneur national.

Or l'honneur national, c'est l'amour-propre du maître, et le maître est très susceptible. Une plaisanterie offensante a été le point de départ de beaucoup de massacres. Un sarcasme de Frédéric sur Mme de Pompadour a décidé une guerre sanglante. Les plaisanteries que les journaux anglais se permettaient sur Buonaparte ont, plus que toute autre cause, déterminé ce même Buonaparte à rompre la paix d'Amiens. Un coup d'éventail a été un des motifs de la conquête de l'Algérie. En 1870, la France a été, pour une cause aussi légère, la victime d'une des plus sanglantes guerres de l'histoire. Ce qu'il y a même, dans ce cas spécial, de plus extraordinaire, c'est que l'offense n'a jamais été faite. Elle a été inventée par l'impudence cynique et criminelle de Bismarck, qui a eu l'infamie de répandre un fait faux, et d'escompter la sottise du gouvernement français, capable de considérer comme un cas de guerre une impertinence adressée à son ambassadeur.

Les peuples sont arrivés à ce degré d'abêtissement qu'on leur a persuadé qu'il y a un honneur national lié à des dépêches diplomatiques rédigées en termes plus ou moins courtois, ou à des incidents de frontière, ou à des polémiques déplaisantes entre journaux. L'honneur national devrait consister dans le culte de la justice; dans la production scientifique, artistique et littéraire; dans l'extension du commerce, de la richesse, de l'industrie; dans le développement du bien-être, de la liberté et de la moralité chez les divers citoyens. Mais il est beaucoup plus commode de faire résider l'honneur national dans des susceptibilités diplomatiques; car il est bon qu'un peuple tout entier soit prêt, au premier signal de ses maîtres, à s'enthousiasmer pour une guerre, et à obéir au signal qu'on lui donne.

Au fond, toutes les guerres ont pour motif, avoué ou non, l'esprit de conquête. Quand les Russes déclarent la guerre aux Turcs, c'est pour s'emparer de Constantinople; quand l'Angleterre fait la guerre à la Chine, c'est pour imposer ses marchandises et son opium; quand les États-Unis font la guerre à l'Espagne, c'est pour prendre Cuba et Porto-Rico; quand l'Italie est en guerre avec Ménélik, c'est pour accaparer son royaume; quand Napoléon III fait la campagne du Mexique, c'est pour s'en emparer, ou tout au moins pour y mettre un souverain de son choix.

Seulement, afin de masquer ce brigandage, on emploie des expressions hypocrites; on noircit beaucoup de papier pour paraître juste, modéré, sage, raisonnable. Le peuple, qui est un grand enfant, se laisse prendre à ces belles paroles: il accepte toutes les billevesées qu'on lui raconte, et il se prend d'un furieux enthousiasme quand on vient lui débiter quelques calembredaines sur la gloire nationale, le prestige de ses armes, le bon renom de ses souverains.

Quelquefois on ne lui dissimule pas qu'il s'agit

d'un véritable pillage. « Si nous ne mettons pas la main sur ce pays, qui est faible et sans défense, un autre s'en emparera. » Raisonnement admirable, qui répond bien à celui du voleur cueillant une bourse : « Si je ne prends pas cette bourse, un autre la mettra dans sa poche. Autant vaut que ce soit moi ; » et il se l'attribue sans scrupules.

Et puis, comme les questions les plus simples sont très faciles à embrouiller avec le secours de quelques demi-mensonges, on découvre pour faire la guerre de très nobles motifs, des principes d'intérêt général qui transforment en héros de simples brigands. S'il s'agit de prendre Constantinople, n'est-ce pas une honte que des Turcs soient encore campés dans la chrétienne Europe ? Ne commettent-ils pas des massacres sur d'inoffensifs Arméniens ? Et voilà justifiée la conquête de Constantinople. Quand les Américains veulent prendre Cuba, ils découvrent que la tyrannie des Espagnols est infâme, qu'une population est martyrisée et asservie ; et ils se présentent comme libérateurs. Quand l'Autriche, la Prusse, la Russie et l'Angleterre se coalisèrent en 1792 contre la France, ce fut pour une sainte cause, paraît-il. Il s'agissait de défendre un roi opprimé, victime d'un peuple rebelle, et de purger la terre des barbares qui osaient renverser un vieux trône séculaire. Quand Napoléon fit la guerre d'Espagne, il se donna, lui aussi, comme un libérateur, chargé de la presque divine mission d'expulser un gouvernement misérable.

Aussi bien trouverait-on à toutes les guerres,

même les plus criminelles, à côté des motifs secrets et vrais, qui se résument tous en un seul, — le brigandage, — des motifs apparents dont on trouve moyen de parer le désir de pillage. Et c'est une tâche à laquelle les gouvernements s'attachent avec ardeur.

Cette tâche, il faut l'avouer, devient de jour en jour plus facile grâce à la complicité de la presse périodique. Ce nouveau pouvoir a pris dans nos sociétés modernes une importance prépondérante. Les inconscients, qui rédigent à la hâte ces misérables feuilles, sont si bien dressés, qu'au seul mot de guerre ils enflent leurs voix : ils crient, ils s'indignent, ils s'emportent, ils déchaînent les injures contre le peuple voisin, remémorant les plus anciens motifs de haines internationales. N'y a-t-il pas eu, en 1870, des journaux allemands reprochant aux Français l'histoire, cinq fois séculaire, d'un certain Conrad de Hohenstauffen ? Ne se trouve-t-il pas chez nous des individus qui, si un litige venait à s'élever entre la France et un pays quelconque, iraient chercher dans les temps, passés ou récents, les plus extraordinaires motifs à de persistantes rancunes. Hélas! ces motifs ne font jamais défaut ! Depuis cinq siècles, pour ne pas remonter plus haut, que de crimes réciproques, que d'injustices, que de sévices, ne pourrait-on pas remettre au jour, et cela sans mensonges, rien que par de véridiques exposés historiques ? De sorte que, sans grand effort, l'esprit de conquête peut se dissimuler sous le beau nom d'esprit patriotique. Les journalistes, avec leur mauvaise foi, leurs préjugés, leur insouciance et leur hypocrisie, se font les auxiliaires des gouvernements. Et c'est toujours le peuple, le peuple humble et laborieux, le peuple des paysans et des artisans, qui donne sa chair et son or, et qui pâtit de ces mirifiques arguments.

C'est merveille de voir à quel point une insignifiante dispute peut, grâce à la diplomatie et aux journaux, se transformer en une guerre sainte. Quand l'Angleterre et la France ont déclaré la guerre à la Russie en 1856, ç'a été pour une raison tellement infime qu'en cherchant dans les archives diplomatiques on arrive à grand-peine à la découvrir. Il faut faire de longues et patientes fouilles dans les vieux cartons pour pénétrer la cause avouée de cette sanglante querelle. La mort de cinq cent mille braves gens, la dépense de cinq à six milliards, voilà les conséquences de cet obscur conflit.

Au fond pourtant, il y avait des motifs. Mais combien peu avouables! Napoléon III voulait, par l'alliance anglaise et une guerre heureuse, consolider sa dynastie et son pouvoir de criminelle origine. Les Russes prétendaient envahir Constantinople. Les Anglais voulaient assurer le triomphe de leur commerce et empêcher la suprématie de la Russie en Orient. Sous une forme ou sous une autre, c'est toujours l'esprit de conquête ou de violence.

Toutes les grandes guerres des siècles passés n'ont pas eu d'autre cause. Car les guerres entreprises pour empêcher l'accroissement des autres nations ne sont que des guerres de conquête. Les luttes contre la maison d'Autriche, que les livres d'histoire de France racontent avec orgueil, et qui durèrent près de deux siècles, depuis Charles-Quint jusqu'à Napoléon III, n'ont pas eu d'autre stupide motif que d'empêcher la prépondérance des Habsbourg. Et voilà pourquoi l'Europe a été ensanglantée, ravagée pendant deux siècles. Il est vrai que les crimes sont pareils des deux côtés. D'une part, des empereurs d'Allemagne, avides, sanguinaires, cherchant à être les maîtres partout — et quels maîtres! — en Flandre, en Lombardie, en Bavière, en Pologne; d'autre part, des rois de France combattant pour empêcher l'extension de ce pouvoir! Et pour cela des milliers et des milliers de paysans, expulsés, affamés, ruinés, et des milliers et des milliers de soldats périssant et pourrissant sur les champs de bataille. Que leur importaient, à ces pauvres diables, les Habsbourg ou les Bourbons?

Nous parlions plus haut des guerres de conquête, et nous disions qu'aussi criminelles — ni plus, ni moins — que les guerres de pillage faites par les sauvages, elles étaient plus absurdes encore, puisqu'elles n'apportaient aucun profit aux combattants. Eh bien! les guerres d'influence sont encore plus stupides que les guerres de conquête. Au moins, dans une guerre de conquête, les chefs, à supposer qu'ils soient victorieux, en retirent-ils quelque avantage. Mais, quand il s'agit d'une guerre d'influence, l'avantage est à peu près nul; car, après tout, c'est un assez mince profit que d'avoir affaibli et écrasé son voisin. Voilà pourtant à quoi aboutissent ces guerres d'influence.

Les Beautés de la Guerre, de J. Callot. (Cliché Braun, Clément et Cie).

Les Beautés de la Guerre, de J. Callot. (Cliché, Braun, Clément et Cie).

C'est ce qu'on appelle le *maintien de l'équilibre européen*. Et des millions d'hommes ont été sacrifiés à cette cause !

De toutes les guerres, les plus excusables, les plus justifiables, ce sont les guerres civiles. Au moins ceux qui se battent savent-ils pourquoi ils se battent. Les uns veulent aller au prêche, les autres à la messe; et, dans leur intolérance, ni les uns ni les autres n'acceptent la liberté d'autrui : ceux qui vont au prêche veulent que tous suivent Luther et Calvin; ceux qui vont à la messe veulent que tous récitent le Credo. De là, guerre. Mais, dans cette guerre au moins, chacun des soldats se bat pour sa croyance, si intolérante qu'elle soit. C'est barbare : ce n'est pas idiot. Il y a, d'un côté, les partisans des Guise, et, de l'autre côté, les partisans des Valois, qui, les uns et les autres, sont prêts à donner leur vie pour le chef qu'ils préfèrent. De même encore, les Etats-Unis du Sud désirent maintenir l'esclavage, tandis que les Etats-Unis du Nord veulent le supprimer. Voilà des raisons de guerre autrement sérieuses que les raisons de prépondérance diplomatique, et, en somme, moins méprisables que des conquêtes de pure rapine.

Nous ne voulons pas dire par là que les guerres civiles sont recommandables, et il est impossible, pensons-nous, qu'on se méprenne sur notre opinion. Nous disons seulement que leur cause n'est pas futile, ridicule; qu'elles ont des motifs réels, la passion ou l'intolérance; motifs peu estimables assurément, mais bien préférables à d'obscures intrigues diplomatiques, aux ambitions de quelque brigand couronné, ou aux fureurs, vénales ou réelles, d'une presse aveugle.

A vrai dire, nous n'avons jusqu'ici envisagé qu'un des côtés de la question. Pour être juste, il faut tout considérer. En effet, dans une guerre, s'il y a un agresseur, il y a aussi une victime. La Prusse et l'Autriche attaquent le Danemark. Que peut-il faire, sinon se défendre? Les armées des alliés attaquent la France en 1792. N'a-t-elle pas à repousser l'envahisseur? Napoléon veut imposer à l'Espagne le gouvernement d'un roi français, la conscription, les impôts, le blocus continental. La défense de l'Espagne est légitime. Les Danois contre la Prusse et l'Autriche, la République française contre les alliés, les Espagnols contre Napoléon, doivent défendre la patrie, et alors la guerre, au lieu d'être infâme, devient sainte.

Cependant il n'y a là aucune contradiction avec ce que nous disions plus haut. En effet, du moment qu'une nation est attaquée, c'est qu'il s'est trouvé une autre nation pour commettre une injustice. Si nulle injustice n'était commise, il n'y aurait jamais de guerre, de sorte que la guerre, légitime pour celui qui se défend, comporte nécessairement un agresseur criminel.

Le loup attaque le chevreau. Le chevreau se défend comme il peut. Si je dis que cette lutte est abominable, personne ne pourra supposer que je la trouve abominable parce que le chevreau fera quelque effort pour se défendre.

Du reste, de part et d'autre, on prodigue la mauvaise foi, les injures, les mensonges, si bien qu'il devient vite impossible de savoir qui est l'agresseur, et qui est l'offensé. C'est très simple quelquefois; mais, dans d'autres cas, c'est fort compliqué. Il est certain que, dans la coalition contre la République française en 1792, les alliés étaient les agresseurs, comme la Prusse et l'Autriche dans la guerre contre le Danemark; comme Napoléon dans la guerre d'Espagne; mais, le plus souvent, ce sont les deux partis qui ont également tort. Quand, au foyer de famille, une dispute s'élève entre deux enfants, il est presque impossible de dire qui a commencé, et le meilleur parti à prendre est en général de sévir également sur les deux batailleurs. Le premier a été taquin et irritant, l'autre a été violent et brutal. Qui a eu tort? Tous deux, sans doute. Aussi un prétexte futile peut-il devenir un vrai *casus belli*, s'il a été habilement et patiemment dénaturé par les polémiques emportées et mensongères d'une presse belliqueuse.

Quelquefois une déclaration de guerre a l'apparence de la justice. Par exemple, voici les Arméniens dont la barbarie turque fait couler le sang à flots. Qu'une nation intervienne pour arrêter ces massacres, et que son intervention nécessite la guerre, qui pourra dire que cette guerre est injuste? Les Alsaciens-Lorrains sont durement opprimés par les Allemands dont ils ne veulent pas supporter le joug. Est-ce qu'une guerre déclarée pour la délivrance de nos compatriotes opprimés serait inique?

Il existe donc un certain nombre de guerres dont la cause est jusqu'à un certain point légitime. C'est quand un vengeur prend en main la cause des faibles, des opprimés, et joue le rôle d'un libérateur désintéressé.

Hélas! de pareilles guerres sont extrêmement rares, ou plutôt elles n'existent pas. Ces libérateurs qui se retirent les mains vides, sans garder quelque province, sans empocher quelques milliards, me sont jusqu'à présent inconnus.

Mais c'est peut-être par ignorance que je pèche. Il existe peut-être, dans les histoires des peuples, des guerres entreprises pour une noble cause et après lesquelles le vainqueur s'est retiré les mains nettes. A vrai dire, je ne les connais pas, et j'attends qu'on m'en donne la liste.

C'est donc de la théorie pure que de prétendre que la guerre peut se faire pour la défense des opprimés. De fait elle est toujours, ou presque toujours, un instrument d'oppression ou de conquête. Napoléon III a délivré la Lombardie du joug autrichien, mais il a annexé la Savoie. Les Etats-Unis prétendent délivrer Cuba du joug de l'Espagne ; mais ils annexent Porto-Rico, Cuba et les Philippines. La Russie a délivré les chrétiens du joug musulman ; mais elle a annexé la Bessarabie et presque la Bulgarie. En pratique, les guerres de libération ne sont que des guerres de conquête, habilement dissimulées.

D'ailleurs, si l'on cherche en quoi consistent ces soi-disant libérations, on verra qu'elles ont toujours une première base, qui est la violence. Du moment qu'il y a des peuples à délivrer, c'est que ces peuples ont été opprimés ; et cette oppression est toujours le résultat d'une guerre antérieure. C'est la fatalité des conquêtes qu'elles entraînent une suite incalculable de guerres nouvelles, et les guerres de libération n'auraient aucune raison d'être, si elles n'étaient pas provoquées par des guerres de conquête antécédentes.

Et puis — mais c'est là une question que nous discuterons plus loin — faut-il que ce soit par la violence qu'il soit répondu à la violence ? Quel enchaînement de maux et de misères, si une iniquité ne pouvait se réparer que par une iniquité nouvelle ?

Quoi qu'on fasse, et sous quelque forme que l'argumentation se présente, la guerre ne peut être que la violence. Il s'agit donc de savoir si la violence est toujours nécessaire.

Si nous résumions ce très rapide exposé de la cause des guerres, nous verrions qu'elles ont pour motif principal, d'abord l'esprit de conquête, c'est-à-dire l'esprit de pillage et de rapine. Les terres, les trésors, les industries du voisin nous tentent, et alors nous lui déclarons la guerre pour les posséder, tout comme sur la grande route une compagnie de brigands arrête les diligences pour s'emparer des valises, des vêtements et des bourses des voyageurs. C'est simple et formel.

Cet esprit de conquête se couvre de mots sonores ; c'est l'honneur national, l'équilibre européen, la libération des opprimés, toutes allégations mensongères, qui, répétées dans les journaux populaires, finissent par égarer l'opinion, et par persuader aux naïfs que la guerre a été entreprise pour des motifs avouables, alors qu'elle n'a en réalité que des causes honteuses.

S'il s'agit d'un pays gouverné par un monarque absolu, la guerre est due tout uniment à la fantaisie du prince, soit parce que son amour-propre a été blessé, soit parce que la guerre l'amuse, soit parce que quelque favorite y prend plaisir, et quelque financier profit.

Dans les monarchies ou les démocraties, pour les peuples anciens ou les peuples modernes, la guerre n'a jamais que des motifs honteux ou ridicules : honteux, quand c'est le brigandage; ridicules, quand c'est la vanité qui la commande.

En tout cas, qu'il s'agisse de brigandage ou de vanité, ce sont les grands chefs qui en vivent, et les pauvres diables de soldats qui en meurent.

II

LES CONSÉQUENCES DES GUERRES

Morts. — Deuils. — Misère. — Violences. — Corruption.

Un enfant est né. Pour le mettre au monde, la mère a souffert d'inexprimables douleurs. Mais tout est oublié dès qu'elle voit le petit être longtemps attendu. On s'amasse autour du berceau. Et toutes les espérances s'ouvrent.

Avec les espérances, les soucis, les inquiétudes, les dépenses. Les maladies sont là qui guettent leur proie. Il faut veiller sur l'enfant, le défendre contre tous les périls, le vêtir, l'alimenter, un peu l'instruire, écarter de sa route les peines et les douleurs; et ce sont des soins sans cesse renaissants.

Le père et la mère rivalisent de dévouement et d'abnégation. Si le père, acharné à son labeur quotidien, ne prend nul repos, c'est qu'il travaille pour son fils. Si la mère nuit et jour travaille, c'est encore pour son fils. Ce fils est l'avenir, l'espoir, le but suprême de la vie des deux êtres.

Il grandit : le voilà âgé de dix ans, puis de quinze ans, puis de vingt ans. Le moment arrive où les parents, presque des vieillards maintenant, vont trouver la récompense de leurs peines.

L'enfant est devenu un homme : il va pouvoir

se mettre à l'ouvrage à présent, pour diminuer le labeur des parents. Il est l'orgueil et la joie des deux pauvres vieux qui lui ont tout sacrifié depuis vingt ans.

Mais une loi leur enlève brutalement cet enfant. Il part, pour longtemps, pour trois ans, pour cinq ans : il s'en va bien loin, et les parents, au lieu de recevoir son assistance, seront forcés de lui envoyer quelques petits subsides de temps à autre. Ils ne pensent pas à lui sans une amertume sombre, écœurante; car ils ne comprennent pas quelle fatalité enlève cet enfant à ceux qui l'ont si tendrement, depuis les premiers jours, choyé.

Puis, brusquement, les hasards de la diplomatie, les criailleries des journaux, l'ambition d'un conquérant déclarent une guerre. Pourquoi? On l'ignore, aussi bien à la chaumière qu'à l'atelier ou au château. Tout ce qu'on sait, c'est que voilà la guerre. Et alors, un beau matin, on apprend qu'il y a eu une grande bataille. Cent mille de ces jeunes hommes, le ventre ouvert, ou la tête fracassée, ou les membres mutilés, agonisent dans les champs. Cet enfant adoré, ce protecteur, cette espérance, a été fauché par la mort avec ses frères et par ses frères; tout ce long passé de sollicitude et d'abnégation est brisé d'un seul coup. Le petit soldat est mort.

Quel deuil et quelle effroyable multiplication de deuil! Une mort, ce n'est rien, mais dix morts, mais cent morts, mais cent mille morts!

Supposons, pour nous faire une idée, même éloignée, de ce qu'est une hécatombe de cent mille hommes (la bataille de Leipzig a coûté cent mille hommes), supposons, dis-je, que le conquérant entre dans chaque chaumière pour dire, à la malheureuse mère dont il a fait périr le fils, quelques paroles de consolations; et admettons qu'il lui suffira, pour la consoler de ce désastre, et pour s'excuser du crime qu'il a commis, de *une minute;* on avouera que le temps n'est pas long pour demander pardon d'un si grand crime! Une minute pour consoler toute une famille en larmes! Il ne faut pas perdre de temps. Eh bien! si nous imaginons qu'à cette œuvre de réparation et d'expiation il consacre sans se reposer douze heures par jour, il lui faudra six mois, six grands mois! pour se laver des meurtres qu'il a provoqués.

Il y a quelques années un incendie cruel, au Bazar de la Charité, fit périr dans les flammes quelques généreuses femmes appartenant à l'élite de la société parisienne. Ce fut un deuil cruel. Les affaires furent suspendues. Les théâtres fermèrent. Les journaux ne parlèrent pas d'autre chose. Avec raison d'ailleurs, ce tragique événement fut une consternation générale. Les souverains envoyèrent des télégrammes de condoléance; et pendant longtemps, presque une semaine, il n'y eut guère d'autre sujet de conversation. Et cependant cet incendie du Bazar de la Charité est une niaiserie, un enfantillage, une faribole, à côté des martyrologes d'une grande guerre.

Si nous comptions les victimes qu'a faites la guerre de 1870, nous verrions qu'il faudrait vingt ans — vingt ans! — avec tous les jours autant de victimes qu'au Bazar de la Charité pour qu'il y ait parité dans le nombre des victimes. Oui, chaque jour, pendant vingt ans, chaque jour, sans rémission, il faudrait, pour égaler les massacres d'une grande guerre, autant de morts qu'au Bazar de la Charité !

Et alors qu'on se représente cet effroyable Bismarck, l'auteur réel, et directement responsable, de cette guerre. C'est comme si, chaque jour, pendant vingt ans, le misérable allumait de sa main un incendie faisant périr deux cents victimes dans les flammes.

Voilà une des conséquences — et la plus immédiate — des guerres ! Tout d'abord on n'y pense pas ; car les écrivains bourgeois, journalistes, académiciens ou candidats aux Académies, ne se préoccupent pas des petits soldats obscurs de quelque inconnu village des Côtes-du-Nord ou des Landes. La plainte des mères ou des frères n'arrive pas jusqu'à eux. C'est d'ailleurs une douleur sobre, fataliste, silencieuse, qui ne gêne pas, et qui a peur d'être importune. Aussi, en exceptant quelque poète fantaisiste, ou quelque philosophe rêveur, qui s'en émeuvent, cette immense douleur passe-t-elle inaperçue. Elle devient une quantité négligeable. En inscrivant un bulletin de victoire, on relate avec satisfaction qu'il n'y a eu de notre côté que trois mille morts, tandis que l'ennemi a perdu sept mille hommes.

Et on sourit avec complaisance. Trois mille hommes ! ce n'est pas une affaire.

Bien entendu les morts de l'ennemi ne tirent pas à conséquence, et il est peut-être des patriotes qui répéteraient le mot de ce même hideux Bismarck, à qui on racontait la mort d'un soldat français : « C'est toujours un de moins. »

Rien n'est plus édifiant à cet égard que le sans façon avec lequel les écrivains traitent les massacres, les famines, les pillages que la guerre entraîne. C'est avec admiration qu'ils racontent le passage de César dans les Gaules : « La ville a été détruite et les habitants ont été passés au fil de l'épée. La région a été saccagée de fond en comble. » Alors l'historien conquérant raconte avec une satisfaction mêlée d'orgueil que nul des cent mille habitants de la province n'a échappé.

Quand la grande armée de Napoléon a passé le Niémen, en évaluant le nombre des soldats qu'il avait pu réunir, on arrive à 700.000. Et là-dessus tous les auteurs poussent des cris d'admiration. Sept cent mille hommes! Quelle merveille! quelle belle et triomphante conquête sur les difficultés matérielles que de pouvoir faire vivre sept cent mille hommes, assurer le commandement, les services des munitions et de l'intendance. Quel prodige que ce recrutement de Français et d'Italiens, de Bavarois et de Polonais, de Saxons et de Danois, d'Espagnols et de Flamands! Il n'y a pas assez de dithyrambes pour glorifier ce miracle. Or on sait ce qu'il est devenu, ce miracle. Six mois après, combien d'hommes survivaient de ces sept cent mille? Trente-trois mille; oui! trente-trois mille à peine. Les autres étaient morts, dans d'atroces souffrances, après des misères effroyables, mutilés, gelés, fracassés par la mitraille,

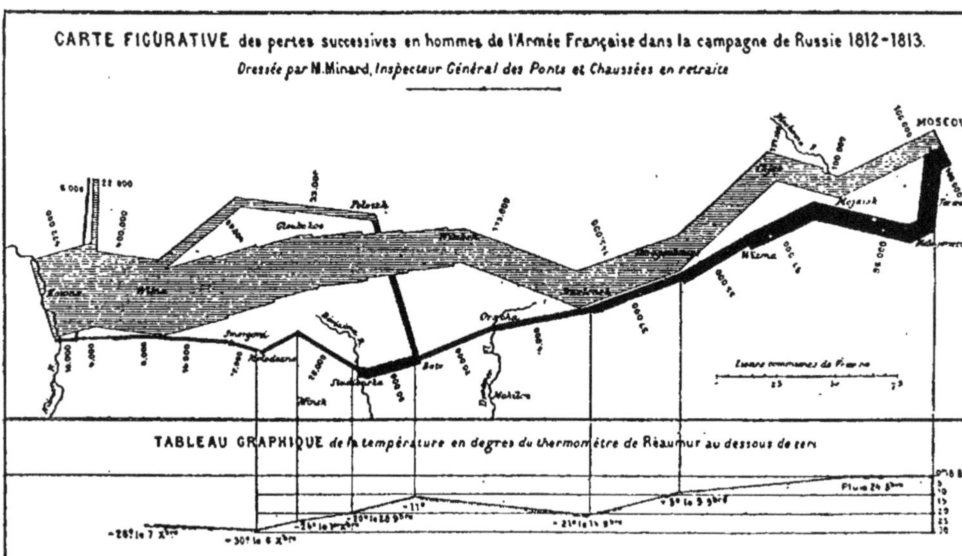

L'anéantissement de la Grande Armée (1812-1813). Sept cent mille hommes en quatre mois.

agonisant dans la neige, dévorés par les corbeaux ou disséqués par le typhus. Voilà ce que c'est que la guerre!

Et, si les historiens se permettent quelques critiques, ce n'est pas du tout parce que sept cent mille hommes ont péri, c'est pour des raisons de stratégie et de politique. A supposer que la campagne de Russie eût amené l'écrasement de la puissance russe, même avec cette effroyable hécatombe humaine, l'histoire n'aurait que des applaudissements, et peut-être ne trouverait-on pas, dans un seul livre, une parole de réprobation ou de blâme.

Récemment, dans la guerre entre les Etats-Unis et l'Espagne, il y a eu l'écrasement de la flotte espagnole. Cinq ou six navires de guerre ont été brûlés, torpillés, coulés, et il y a eu trois mille victimes. La mort de ces malheureux a passé presque inaperçue; tandis que le naufrage, presque simultané, de la *Bourgogne*, où il y eut près de quatre cents morts, provoqua une générale épouvante et une émotion extraordinaire.

Est-ce que par hasard les braves marins espagnols ne méritent pas autant de compassion que les passagers de la *Bourgogne* ?

Les historiens et les journalistes sont responsables de cette aberration qui fait considérer comme toutes simples les morts des soldats. Ce sont faits de guerre, voilà tout! Il est inutile de s'apitoyer sur leur compte.

De là cette indulgence pour les grands mangeurs d'hommes, comme Alexandre, César, Attila,

Napoléon, Bismarck. Il semble qu'ils aient droit à des ménagements particuliers.

Lorsqu'un misérable père martyrise son petit enfant, le roue de coups et le fait périr de faim, un cri d'horreur s'élève. La foule entoure la voiture qui le conduit au tribunal, en criant : « A mort l'assassin ! A mort ! » Et, s'il n'est pas condamné à l'échafaud, toute la presse s'indigne ! Le pauvre enfant martyrisé trouve des millions de défenseurs. Cela est bon. Cela est juste. Mais pourquoi celui qui, au lieu de martyriser un enfant, en martyrise cent mille, ou quinze cent mille, pourquoi celui-là est-il traité de grand homme?

L'horrible Vacher, cette brute sanguinaire, irresponsable sans doute, qui a commis une trentaine de hideux assassinats, est un affreux monstre. Mais qu'on mette à côté de ces trente victimes, les deux millions d'hommes qu'Alexandre a fait périr; je n'hésite pas, et je préfère Vacher à Alexandre le Grand !

Peut-être dira-t-on que la mort des soldats sur un champ de bataille est glorieuse et digne d'envie; que mourir pour la patrie ou pour le maître, les armes à la main, le front à l'ennemi, est un honneur incomparable. Hélas ! combien de ces pauvres soldats tombent sans avoir connu l'orgueil de la lutte, pourrissant dans un hôpital, ou dans une étable, du typhus, du scorbut, de la variole, du choléra, de la fièvre jaune, de toutes ces infâmes maladies qui accompagnent la guerre et lui font un cortège digne d'elle. Ceux qui chantent la gloire de la guerre, savent-ils que les maladies font cinq fois plus de victimes que le feu de l'ennemi ?

Aux temps d'Homère, ou même aux temps de la Chevalerie, quand deux héros en venaient aux mains, avec leurs épées, leurs cuirasses, leurs lances, c'étaient la vaillance et l'adresse qui décidaient de la victoire. Il y avait quelque honneur à combattre, à triompher, peut-être même quelque sauvage plaisir dans cette bataille. Mais quelle noblesse d'âme, quel succès de l'énergie physique à râler sur un grabat infect, quand le choléra ou le typhus vous dévore ? Si hideux que soit l'aspect d'un champ de bataille, ce n'est rien à côté du spectacle que donne l'hôpital baraquement où sont soignés les malades. Rien n'est plus abominable ; et tous ceux qui ont vu de pareilles scènes, pour peu qu'il leur reste encore quelque parcelle de cœur ou d'intelligence, ne peuvent plus considérer la guerre et l'ambition des souverains que comme la plus abominable des aberrations humaines.

Il est impossible de donner en chiffres le nombre des victimes de la guerre.

Mais il n'est pas du tout nécessaire de chercher une irréalisable précision.

Nous pouvons faire alors à peu près le compte suivant pour les guerres de ce siècle :

	Français.
Guerre de Napoléon (1799-1815)..	3.000.000
	Étrangers.
	5.000.000
Guerre de Russie (1854).........	800.000
Guerre d'Italie..................	300.000
Guerre de Prusse....	300.000
Guerre de Sécession	500.000
Guerre de 1870..................	800.000
Guerre turco-russe..............	400.000
Guerres civiles de l'Amérique du Sud..........................	500.000
Guerres coloniales (Indes, Mexique, Algérie, Abyssinie, Transvaal, Java, Madagascar).......	3.000.000
Total.......	15.000.000

Ainsi les guerres de ce siècle ont fait quinze millions de victimes !

Et quels hommes que ces martyrs de la guerre ! Des jeunes gens de vingt à trente ans, les plus robustes, les plus vigoureux ; et, disons le tout de suite, les plus braves ; car ce sont les audacieux et les vaillants qui sont exposés aux fatigues et aux projectiles, plus que les paresseux et les lâches.

Ayons donc le courage de le dire bien haut : la guerre est un crime. Quinze millions d'hommes en un siècle ! soit à peu près trois cents morts par jour. Comme si, pour reprendre la comparaison que je donnais tout à l'heure, il y avait, tous les jours, un incendie du Bazar de la Charité, ou un naufrage de la *Bourgogne*. Oui ! tout se passe comme si ces tragiques événements, grâce à la folie des hommes, se répétaient chaque jour, sans rémission, depuis un siècle. Il est temps que cette colossale et sanguinaire stupidité prenne fin.

La guerre a encore d'autres conséquences que cette effroyable douleur humaine. Elle ne fait pas seulement des orphelins et des veuves : elle fait encore des misérables. La paix armée produit la misère morale et matérielle dont souffre notre civilisation rudimentaire. Le militarisme est la plaie saignante des sociétés modernes : c'est la prolongation de l'état de sauvagerie, c'est le maintien — avec l'aggravation redoutable d'une organisation savante — de la barbarie grossière des peuples primitifs.

On se méprendrait sottement si on voulait voir dans ces expressions quelque sentiment de malveillance ou de mépris pour l'armée. Qui de nous peut songer à mépriser les officiers ou les soldats ?

Les soldats, les simples soldats, qui sont-ils, sinon la nation même, et la nation tout entière? Avec le service militaire universel, tous les hommes valides de vingt à vingt-quatre ans sont sous les drapeaux, et il n'y a pas lieu de faire de ces jeunes gens une classe distincte de la population civile, avec lesquelles ils se confondaient hier et se confondront demain. Paysans, artisans, bourgeois, tous, à tel moment de leur vie, ont été des soldats, et l'armée d'une nation, c'est la nation même.

Cependant l'ensemble du corps des officiers forme une vraie corporation, nettement distincte de la population civile. Mais cette corporation est, à certains égards, l'élite d'un pays. Souvent, par la dignité de la vie et par l'élévation de leurs sentiments, ils méritent le respect et la considération dont ils sont en tous pays honorés.

C'est même une douloureuse situation que celle des officiers. Ils ont, pour la plupart, reçu une éducation scientifique excellente : ils ont fait preuve d'intelligence et de talent, et le temps passe pour eux à se consumer en œuvres médiocres et en routines ridicules.

C'est comme si l'on avait construit à grands frais une immense machine nécessitant un grand nombre de constructions savantes, et exigeant le travail des ingénieurs les plus expérimentés et des ouvriers les plus habiles. Supposons que cet admirable mécanisme soit consacré à une œuvre vaine, je ne pourrai plus rien admirer. Sans méconnaître la valeur morale des travailleurs, je m'indignerai contre la stupidité de cette machine, qui consomme en stériles efforts tant de force, tant d'énergie, tant d'intelligence.

Aussi bien tout ce que nous dirons contre le militarisme ne doit-il pas être interprété comme une parole de haine pour l'armée. Si nous déclarons nettement que notre organisation militaire est indigne de la civilisation, si nous affirmons notre horreur et notre dégoût pour la guerre, cela n'entraîne ni blâme ni dédain pour les officiers. Beaucoup d'entre eux méritent notre respect; quelques-uns, notre admiration.

Que ceci soit bien clairement établi pour qu'il n'y ait pas de méprise.

Cela posé, voyons les conséquences matérielles ou morales du militarisme.

Nous envisagerons d'abord les conséquences matérielles. Elles ne sont peut-être pas les plus redoutables; mais elles se présentent avec plus d'évidence, et la démonstration de leurs funestes effets est à la portée des esprits les plus humbles.

C'est, d'abord, la dépense même que nécessite l'entretien d'une armée.

En évaluant en chiffres ronds à un milliard pour la France les budgets de la guerre et de la marine, nous ne commettons presque pas d'exagération. (Le chiffre exact a été, en 1896, de 899.684.396 fr.)

A la rigueur, on peut prétendre que cette somme immense n'est pas complètement perdue, puisqu'elle se retrouve en subsides, soldes, fournitures, achats de subsistances, d'armements, etc., et que certains individus en profitent. Mais c'est là un raisonnement défectueux. Voici un riche particulier qui a l'idée étrange de construire, en un lieu presque inaccessible, un château magnifique, qu'il n'habitera pas, dont ni lui ni personne ne profitera jamais. Il dépense un million à cette fantaisie ridicule. Ce n'est pas tout à fait de l'argent perdu, car ce million est distribué en achats et en salaires; mais le résultat de cette construction absurde est nul, et on a le droit de dire qu'un million a été perdu, gâché, dilapidé.

De même ce milliard dépensé chaque année est absolument perdu. Songez à ce que ferait la distribution annuelle d'un milliard! Songez au bien-être que donnerait dans chaque famille la somme annuelle de 150 francs. Le milliard que nous coûte notre armée, c'est un capital de 5.000 francs à peu près pour chacune des familles françaises. Oui! c'est là la somme énorme, invraisemblable, que nous coûte la paix armée, si bien que la suppression des budgets de la guerre et de la marine équivaudrait à une donation de cinq mille francs à chaque famille de France.

Naturellement, ce que nous disons des familles françaises s'applique aussi, à quelques nuances près, aux familles allemandes, autrichiennes, russes, etc., car les mêmes impôts écrasants que nécessite l'entretien d'une armée permanente et nombreuse, pèsent sur tous les peuples de l'Europe.

Pourtant ce n'est pas encore assez que de compter au passif du militarisme les budgets de la guerre et de la marine, car les dettes nationales ont été toujours, *et sans exception*, contractées avant, pendant ou après les guerres : toutes sont des dettes de guerre destinées soit à payer les indemnités de guerre, soit à exécuter des travaux militaires d'armement, de défense et d'approvisionnement.

Or c'est à un milliard que s'élève, en chiffres ronds, le payement des intérêts de notre dette. Donc évidemment cette dette est bien une dette militaire, une conséquence immédiate de l'état de guerre et de paix armée. Il faut alors doubler les chiffres, et, par conséquent, le capital qui eût pu être attribué à chaque famille française, si les guerres n'avaient pas versé des torrents d'é-

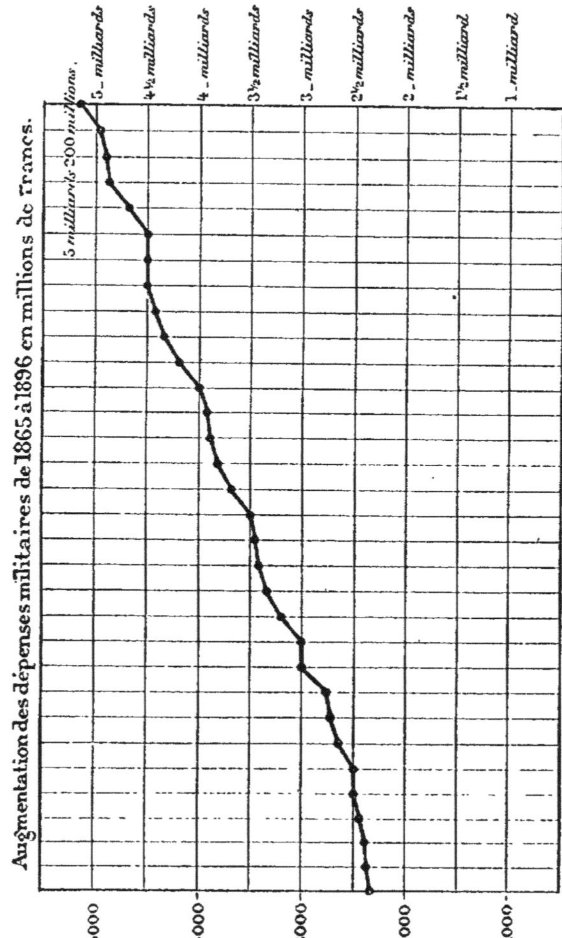

La progression des charges militaires en Europe. En trente ans elles ont doublé: en 1899 elles seront de six milliards

nergies inutiles et stérilisé des richesses inouïes.

s'élèverait à près de 10.000 francs, soit 300 francs de rente.

Imaginons, par la pensée, ce que seraient le bien-être et la prospérité d'un pays où chaque famille recevrait cette somme de 10.000 francs, et nous nous rendrons compte aussitôt de la dévastation et de la ruine que le militarisme traîne fatalement après lui.

Si, au lieu de distribuer ce milliard, on l'employait à des œuvres utiles, il est évident que des prodiges seraient accomplis. Toutes les œuvres industrielles qu'ont rêvées les ingénieurs pour la conquête du sol, la rapidité des communications, l'entretien des énergies naturelles, seraient en quelques années accomplies. La Manche traversée par un tunnel; les machines aériennes inventées; le Pôle Nord exploré; toute l'inconnue Afrique fertilisée et exploitée; les mers aménagées pour la pisciculture; les engrais répandus à profusion; les produits de consommation descendant à des prix de revient minuscules; les forces des eaux, de la chaleur terrestre et de la chaleur solaire transformées en électricité et affectées à notre usage; et alors l'humanité, débarrassée des soucis matériels, pouvant se livrer à la recherche des plus hauts problèmes de l'idée et de la science, et évoluant peut-être vers un perfectionnement de la race. Telles seraient les conséquences lointaines ou immédiates d'un judicieux emploi de ces milliards qui viennent chaque année s'engouffrer dans les budgets militaires.

Mais, en évaluant les pertes dues au militarisme, simplement par les charges budgétaires, nous sommes encore loin de compte. De fait, l'armée est constituée par cinq cent mille hommes valides qui ne travaillent pas, et qui pourraient travailler. Il y a chaque année en France cinq cent mille hommes dont le temps est employé à des besognes fastidieuses et nauséeuses. Faire l'exercice, traîner des caissons et des affûts, compulser des écritures, apprendre le Règlement, voilà à quoi on use la vigueur et l'intelligence de ces cinq cent mille hommes, tous jeunes, robustes, dans la force de l'âge. S'ils faisaient des journées d'ouvrier, à raison de 300 jours de travail et d'un salaire moyen de 3 francs par jour, c'est à peu près un demi milliard par an qu'ils produiraient. C'est donc cinq cents millions de plus qu'il faut ajouter au budget réel de la Guerre. Cinq cents millions! Voilà ce qui est dépensé pour stériliser cette immense agglomération d'hommes.

Ce n'est donc pas deux milliards, mais deux milliards et demi que nous coûte chaque année le militarisme : soit un capital (par chaque famille) de 12.000 fr. en chiffres ronds.

Qu'on songe à cette immense absurdité! Des hommes, les plus forts et les plus jeunes du pays, sont enlevés pendant deux ans à leur charrue ou à leur atelier pour aller se livrer à des occupations ridicules, par exemple à puiser de l'eau dans la mer pour la rejeter dans la mer un peu plus loin; et, pour leur faire exécuter cette vaine tâche, qui les détourne d'un labeur fructueux et fécond, on les paye et on les nourrit. Non seulement ils coûtent parce qu'ils ne font rien, mais encore ils coûtent parce qu'on les paye. Au lieu de donner un salaire à leur travail, on donne un salaire à leur inaction.

Il est vraiment impossible de rêver un état social plus idiot.

Nos arrière-petits-neveux, quand ils étudieront notre histoire, auront le droit de nous prendre en grande pitié.

Les misères morales du militarisme sont plus graves encore que les misères matérielles, déjà si saignantes.

Il faut insister ; car c'est une des déclamations favorites des ennemis de la paix que de proclamer l'élévation morale du métier militaire. On dit que l'idée de patrie est inséparable de l'idée militaire, que la caserne et les camps sont une école de dévouement, et d'héroïsme, et d'abnégation. On a même prétendu qu'un peuple irait à la décomposition et à une pourriture rapide, s'il n'avait pour se régénérer l'atmosphère morale purifiante du régiment.

Il y a, comme toujours, une trace de vérité dans ces affirmations. Parfois quelques officiers, comprenant la grandeur de leur rôle, se font éducateurs moraux autant qu'instructeurs techniques, de sorte que, très exceptionnellement, certains jeunes soldats, quand ils quittent le service militaire, rentrent à leur village avec des idées un peu moins frustes et des sentiments un peu plus généreux.

Mais il ne faut pas se guider sur des faits exceptionnels, et, de fait, si quelques hommes sont améliorés, un plus grand nombre sont pervertis.

Les temps futurs : « Nous changerons l'épée en un soc de charrue ».
Sculpture de M. Belloc. Salon de 1895.
Éditée par MM. Susse frères.

Au régiment, le soldat perd l'habitude du travail. Les ouvriers des champs ou de la ville, qui étaient forcés de gagner, très rudement, leur pain de chaque jour, trouvent que la caserne est un repos relatif. Pour les bourgeois et oisifs, fils de famille ou employés, la vie militaire est dure et fatigante, et pour eux c'est une école de travail ; par conséquent, à ce point de vue elle pourrait être salutaire. Pour l'homme de la campagne, si la besogne n'est pas fatigante, elle est insupportable ; car il n'en comprend pas l'utilité, tandis qu'il sait très bien pourquoi il doit sarcler son champ ou mener sa charrue. En tout cas, sans prendre goût au métier militaire, il perd toute ardeur pour le métier de paysan. Il quitte le service avec joie, car le service est une servitude, mais il le quitte perverti ; il s'est dégoûté du travail à la terre ; il a appris à flâner, à ne rien faire pendant de longues fins de journée, et à se promener dans les rues, les bras ballants, désœuvré et mélancolique.

Il a appris bien d'autres choses encore : les plaisirs de la cantine, les estaminets borgnes aux boissons frelatées ; il a connu les filles soumises, qui rôdent autour des cantines, et qui lui ont peut-être inoculé d'inguérissables maladies ; il s'est initié aux propos obscènes; il a fait son éducation de mensonge et d'hypocrisie pour *carotter* ses chefs, se soustraire aux corvées, éviter des punitions, de sorte que sa dignité d'homme lui a été enlevée, et il n'a pas, en deux ans, eu le temps de prendre la dignité du soldat.

L'alcoolisme, la prostitution et l'hypocrisie, voilà ce qu'apprend la vie à la caserne.

Si une notion générale quelconque lui est donnée, c'est celle-ci, que les peuples étrangers sont stupides, et qu'il faut les mépriser et les haïr. Certes, le mépris des patries d'autrui n'existe pas parmi les officiers qui respectent avec raison leurs camarades étrangers, mais il se propage parmi les simples soldats, pauvres garçons naïfs, qui ne savent pas que ces Allemands, ces Italiens, ces Autrichiens sont de braves gens, paysans comme eux, misérables comme eux, asservis comme eux, ne différant d'eux que par le langage et l'uniforme, mais en somme dignes de toute leur estime et de toute leur sympathie.

Tous ces jeunes gens, rentrés à la vie civile, ne gardent de leur passage au camp que le souvenir de ces paroles de haine, et ainsi se dressent entre les peuples, faits pour s'aimer et se connaître, les barrières infranchissables des préjugés et des calomnies.

Et quant au respect de la discipline, je ne crois nullement qu'il se développe par la vie militaire. Assurément, pour les formes extérieures, il y a des chefs auxquels il faut obéir, sous peine d'être puni. Mais de respect intérieur, il n'y en a pas trace. Au contraire! L'esprit de révolte existe chez le soldat contre le caporal, chez le caporal contre le sergent, chez le sergent contre le lieutenant, et chez le lieutenant contre le capitaine.

Pour échapper au joug d'une discipline impitoyable, les uns et les autres ont recours à des hypocrisies, à des subterfuges qui ne sont pas dignes d'hommes vraiment libres. Ils obéissent extérieurement; mais en dedans, ils grognent, ils raillent, ils critiquent.

Il n'en va pas ainsi des vieux soldats. Après quelques années de service, l'habitude de l'obéissance extérieure a assoupli les caractères au point que l'obéissance finit par n'être plus seulement extérieure et superficielle, mais profonde et totale, et qu'il n'y a même plus de révolte intime. Cet esprit d'obéissance militaire passive est-il désirable? Je ne sais. Mais ce que je sais, c'est qu'au bout de deux ans, il n'est pas encore obtenu, et que l'obéissance passive, à la fois morale et matérielle, n'est nullement le résultat des mœurs militaires d'aujourd'hui.

En somme, l'état militaire actuel a pour principal résultat de créer chez les jeunes hommes, qui sont l'avenir du pays, non pas le vrai esprit militaire, c'est-à-dire le chevaleresque amour du drapeau et l'obéissance à des maîtres respectés, mais un faux esprit militaire : la haine criarde et aveugle contre les nations voisines.

L'état de paix armée et de guerre imminente entraîne toute une série d'idées morales funestes, et une direction générale désastreuse. La liberté politique est presque incompatible avec le régime militaire; le système de protection à outrance, digne compagnon du militarisme, achève de ruiner les peuples épuisés.

En outre, par le fait de la guerre, des populations entières souffrent le joug d'un maître qui s'est imposé par la force. Certains peuples sont soumis à un régime qu'ils exècrent; et la violation du droit se maintient flagrante, comme pour les provinces danoises, alsaciennes, lorraines, roumaines, finlandaises, maintenues dans une sujétion qui est presque un esclavage.

Je comprends très bien que tout homme généreux s'indigne du sort misérable auquel notre chère Alsace est soumise. Mais par quelle étrange aberration verrait-il là un motif pour aimer la guerre? Plus il aime l'Alsace et souffre de son esclavage, plus il doit détester la guerre. L'asservissement de Metz et de Strasbourg est un fait de guerre. C'est la guerre qui est la cause de cette immense iniquité, et la servitude de nos frères ne peut que nous inspirer l'horreur de la guerre.

Si le droit régnait, l'Alsace serait française; mais c'est la violence qui est la maîtresse. Cette civilisation dont nous sommes si fiers, puisqu'elle paraît consacrer le triomphe de l'idée sur la matière brute, est, somme toute, un état barbare encore et sauvage, puisque des peuples entiers subissent le despotisme d'autres peuples qui les haïssent, et que les uns et les autres n'ont, pour se délivrer, d'autre espoir que dans la guerre, c'est-à-dire le recours à une violence nouvelle.

Malgré toutes les belles phrases des moralistes et des hommes politiques, notre état social repose tout entier sur cette base misérable : la force brutale.

III

RÉPONSE AUX PARTISANS DE LA GUERRE

Nous avons exposé les raisons qui font, à notre sens, que la guerre est un fléau abominable, une offense à la civilisation, et le vestige vivant et triomphant de la barbarie. Mais cette opinion, quoiqu'elle soit partagée par beaucoup, n'est cependant pas universelle. Loin de là. On trouve encore des écrivains qui considèrent la guerre comme un bien. C'est à ceux-là que nous nous proposons de répondre.

Remarquons qu'il ne s'agit pas ici de l'opinion populaire. Le peuple est un enfant naïf qu'on séduit par de belles phrases. Il n'a pas pu réfléchir et méditer sur ces problèmes. Forcé de gagner le pain quotidien, il vit au jour le jour. Il accepte le sort que lui ont fait les vieilles traditions de l'humanité. Il ne suppose pas qu'il lui sera permis d'être un jour délivré de l'enfer où il a vécu jusqu'ici. Il baisse la tête, et subit tout. Malgré quelques rares rébellions, trop isolées pour être efficaces, et durement réprimées, il baise la main qui le frappe, et se plie sous le faix de la guerre. Il est ruiné, écrasé, malheureux; il est chair à canon. Il donne son sang et son or au monstre; et il ne songe pas à s'indigner. Il n'a donc pas d'opinion.

Notre mission est de lui en donner une.

Et pour cela il faut combattre les arguments que les partisans de la guerre ont imaginés.

A vrai dire, la plus commune objection n'est pas tout à fait celle que nous nous proposons de réfuter. Presque toujours, on dit : « La guerre est un mal, mais c'est un mal nécessaire. La paix est excellente; mais c'est un rêve, une chimère, une utopie. » Nous verrons tout à l'heure ce qu'on peut répondre. Pour le moment, bornons-nous à réfuter ceux qui disent : « La guerre est un bien. »

Voici quels arguments ils donnent :

« La guerre seule peut développer chez les hommes l'amour de la patrie. S'il n'y a pas un drapeau, avec des soldats armés, rangés tout autour, il n'y a pas de réel patriotisme. C'est dans les camps et les casernes que se concentre la vie de la nation : c'est là qu'on apprend le désintéressement, l'oubli de sa vie pour une idée, la hiérarchie, la discipline. La préparation à la guerre est une école de vaillantise et d'abnégation. Le jour où les citoyens d'un pays ne seront plus prêts à sacrifier leur vie et leur fortune à l'idée de la patrie, ne s'occupant plus que de leurs mesquines préoccupations de famille ou des étroits soucis matériels, ce jour-là sera l'avènement de la corruption, et la pourriture triomphera sans résistance. Le cosmopolitisme international masquera un profond égoïsme, et le soi-disant amour pour les hommes créera l'indifférence pour le drapeau et le pays. En somme, ce sera la domination des sentiments bas et vils, car les hommes ne sont pas susceptibles de se passionner pour une idée aussi abstraite que l'idée de l'humanité.

« Otez leur le sentiment de la patrie, ils seront des jouisseurs et des corrompus.

« Les enseignements qu'on donne aux soldats sont des leçons admirables, non seulement techniques, mais encore morales. Et le pays tout entier passe par cette école de discipline et de moralité.

« Et puis c'est aussi le développement industriel et scientifique. Toutes les forces vives d'une nation se concentrent dans des progrès matériels, qui servent à tous. Les améliorations des routes, des chemins de fer, des navires, de tous les engins militaires, témoignent d'un énorme effort ; ils consacrent des perfectionnements que les ingénieurs et les savants civils, dépourvus des puissantes ressources que fournissent les budgets de la guerre, n'auraient jamais pu réaliser.

« Il est bon qu'au milieu de notre civilisation, raffinée jusqu'à la corruption, quelques hommes vivent sans souci de gagner de l'argent ou de grossir leur patrimoine, tout prêts à mettre leur vie au service d'une idée élevée, comme l'idée de la patrie. La préparation à la guerre, c'est le développement de la moralité.

« Quant à la guerre elle-même, si elle fait quelques victimes, elle consacre finalement le triomphe du plus fort : et le plus fort, c'est le meilleur. Soyez meilleur que votre adversaire par votre technique savante, par le talent de vos chefs, par vos finances sagement organisées, surtout par l'héroïsme et le courage personnels des grands et des petits, des soldats et des officiers, et vous aurez sûrement la victoire. La victoire ne sera que justice, puisqu'elle consacrera le triomphe du plus brave et du plus habile. Par cela seul qu'on la remporte, on la mérite. Si l'on est écrasé, c'est qu'on devait l'être. Entre deux peuples qui luttent, il en est un plus avancé en évolution, plus savant et plus courageux : celui-là sera certainement, même après quelques partiels revers, le triomphateur définitif. La force réside dans la vertu des soldats. Quoi de plus juste alors que la suprématie de la force ? Ce n'est que la suprématie de la vertu. »

Telles sont, brièvement résumées, les raisons que font valoir les partisans de la guerre et du militarisme. On nous rendra cette justice que nous n'avons pas cherché à en diminuer la force, et que nous les avons loyalement exposées.

1° *L'idée de patrie nécessite l'armée.* — Il n'est pas exact de dire que l'idée de patrie est liée à l'esprit militaire. En effet, le militarisme suppose une patrie conquérante et agressive. Si c'est dans ces entreprises de conquête que l'on fait résider l'amour de la patrie, certes, il y a un rapport étroit entre la patrie et le militarisme, puisqu'un pays sans soldats est incapable de faire une guerre de conquête.

Désarmer un pays et l'empêcher de tenter les folles aventures d'un Louis XIV, d'un Charles XII et d'un Napoléon, ce n'est pas anéantir l'idée de patrie, c'est au contraire la purifier, la grandir. Nous qui ne voulons pas de guerre d'influence, ni d'équilibre, nous avons la prétention d'aimer notre patrie plus que les conquérants (1).

Singulier amour de la patrie, qui consiste à en sacrifier les enfants ! Pour aimer beaucoup la France, il faudrait donc faire périr beaucoup de Français. A ce compte, les deux Napoléon sont les meilleurs patriotes ; car ils ont, à eux deux, par leurs guerres néfastes, amené la mort de près de quatre millions de Français.

2° *On ne peut se passionner pour l'idée de l'humanité.*

Cette proposition étrange a été maintes fois présentée, et sous diverses formes. A-t-on d'abord réfléchi que l'idée de patrie est une idée extrêmement contingente, variable avec les lieux et les temps. Il y a quatre siècles, en Italie, Pise était la

(1) Il y a quelques années, je me trouvais, pour des raisons inutiles à rappeler ici, dans une petite ville de Saxe, habitée par de laborieux et pauvres tisserands, qui, travaillant à la main, gagnaient péniblement leur chétive existence. Le plus vieux du village, un très brave homme, m'avait pris en amitié, et nous faisions parfois, le long de la vallée, des excursions intéressantes. Un jour, sur un petit tertre, je vis cette inscription : « *Ici sont morts trois cents citoyens saxons tués par les Français en défendant l'indépendance de leur patrie.* » Je ne pus m'empêcher de lui dire alors : « Vous devez bien nous détester ? » Pour toute réponse : « Regardez, me dit-il, tous nous avons cette image sur notre cœur. » Et il me montra une petite médaille qu'il portait suspendue à son cou.

C'était le portrait de notre grand Jacquard, l'inventeur génial qui avait trouvé le métier à tisser. Qui a le plus fait pour la patrie, Jacquard ou Napoléon ?

patrie des Pisans, et Lucques celle des Lucquois. Un Gascon n'avait pas la même patrie qu'un Normand; un Bavarois et un Silésien étaient de deux pays absolument différents. Mais la notion de patrie s'est agrandie peu à peu. Aujourd'hui il y a une France et une patrie française, une Allemagne et une patrie allemande, une Italie et une patrie italienne. Pourquoi voudrait-on s'en tenir là? Est-ce que par hasard le sentiment de la patrie s'est éteint à mesure que la patrie s'agrandissait? En quoi, s'il y a une patrie européenne, serais-je moins capable de vouloir son épanouissement et sa prospérité que s'il y a une patrie française?

Je sais bien que si, il y a quatre siècles, on avait dit aux gens de Pise : « les gens de Lucques ne seront plus vos ennemis, et vous ne les aimerez pas moins que vos concitoyens », les gens de Pise eûssent haussé les épaules en criant au sacrilège, à la perte de tout sens moral, à l'abomination des abominations, au renversement de tout, à la destruction des traditions les plus nobles et les plus glorieuses de la cité.

De même, si à quelque Français, à quelque Allemand, à quelque Italien d'aujourd'hui, on venait dire : « vos voisins, ces voisins que vous haïssez tant, dans quatre siècles seront vos concitoyens, soumis aux mêmes lois, parlant peut-être la même langue, et votre devoir sera de les aimer et de les défendre. » Quelles clameurs ne pousseraient-ils pas, ces pseudo-patriotes?

Il faut les excuser, ils ne comprennent pas.

Un des plus grands historiens de notre temps,

Victor Duruy, écrivait un jour à notre Société de la Paix qu'il était tout à fait avec nous, étant convaincu que l'unité de l'Europe se ferait, comme s'était faite l'unité de la France.

Est-ce qu'au XVe siècle les Provençaux, les Lorrains, les Gascons, les Bretons, les Flamands avaient la notion de la patrie française? Il serait bon de renvoyer à l'école primaire ceux qui nous rebattent les oreilles avec la notion d'une patrie immuable et immutable.

L'idée de la famille est une très belle chose, l'idée de la patrie est une très belle chose aussi; mais l'idée de l'humanité n'est pas moins belle, et il est absurde de croire qu'il y a désaccord entre ces trois sentiments, très purs et très nobles.

J'aime ma famille. Est-ce une raison pour détester ma patrie? J'aime ma patrie. Est-ce une raison pour partir en guerre contre les patries voisines?

Je vais plus loin. Je crois que ces trois amours, au lieu de se contredire, convergent. En aimant ma famille, j'aime une fraction de ma patrie et en aimant ma patrie, j'aime une fraction de l'humanité.

Celui qui s'écrie en apprenant qu'un navire anglais s'est perdu corps et biens : « Bravo! cela fait deux cents Anglais de moins! » celui-là est un très mauvais patriote, sans compter que c'est un méchant homme, doublé d'un imbécile fieffé. Pauvre sot! Est-ce que ces hommes ne sont pas tes frères? Est-ce qu'ils ne peuvent pas t'être utiles quelque jour?

Si un Jenner, ou un Shakespeare, ou un Whatt, est parmi les naufragés, est-ce que tu ne souffriras pas, toi aussi, de cette mutilation qui pèsera sur l'humanité tout entière ?

Mais j'ai honte vraiment d'insister, tant l'évidence est éclatante.

On est tellement envahi par les idées communes, qui font notre ambiance, qu'on a peine à concevoir, chez ceux qui viendront après nous, un état d'esprit où nos idées seront traitées d'absurdes. Nous ne savons pas comprendre à quel point tout notre domaine intellectuel est relatif. Il y a deux siècles, la torture était regardée comme le principal élément d'une instruction judiciaire. Il y a trois siècles, on brûlait les sorciers, et les meilleurs des hommes en ce temps-là considéraient les brûlements des démoniaques et des sorcières, comme un des piliers de la justice et comme le salut de l'État.

Supposons une société d'anthropophages où l'anthropophagie soit une institution vénérable, consacrée par la tradition, prescrite par les lois, enseignée dans les écoles, recommandée par les prêtres, célébrée par les poètes et les philosophes, prêchée dans les salons et les ateliers, dans les Académies et dans les cabarets; alors assurément personne n'oserait protester contre cette sainte coutume. Le malheureux qui aurait l'audace de trouver criminels les repas humains, serait vilipendé et déclaré traître à la religion et à l'humanité. Sous peine des plus sanglantes injures, peut-être de l'exil et de la prison, chacun serait forcé de faire l'éloge de cette coutume, et les discours de réception à l'Académie française se termineraient, au milieu des applaudissements de l'assistance, par l'éloge pompeux de l'anthropophagisme.

Notre conception belliqueuse de la patrie n'est pas supérieure à la conception des anthropophages. Et même manger un homme parce qu'on a faim, c'est un acte beaucoup moins grave et beaucoup moins bête que de pousser au stérile égorgement de plusieurs milliers d'hommes. Mais les mœurs sont là, et, de par les mœurs, nous sommes forcés d'admirer les conquérants et les belliqueux. Si, par aventure, quelque voix discordante s'élève pour dire que la notion d'une patrie conquérante et guerrière est une notion barbare, aussitôt on crie au parricide et à l'infamie. Comme dans les sociétés d'anthropophages, celui qui se révolte contre cet antique usage est traité de misérable et de traître.

Pauvres anthropophages ! nous n'avons pas le droit de nous indigner contre vous ; car nos festins patriotiques sont bien autrement sanglants que les vôtres, et vous faites maigre chère à côté de nous.

Pourtant, si j'étais parmi des cannibales, dussé-je être conspué, je blâmerais leurs usages.

De même, ici, dans notre société actuelle, je ne craindrai pas de dire tout haut mon opinion. Au risque de paraître un monstre, je dirai que la mort d'un brave homme d'Allemand, ou celle d'un brave homme d'Anglais, ou celle d'un brave homme d'Italien, me paraissent des crimes. Ces gens-là, quoiqu'ils vivent de l'autre côté de la frontière, sont des hommes comme moi. Ils ont un père, une femme, des enfants. Leur sang a la même couleur que le mien, et je ne peux pas me réjouir quand je vois ces honnêtes gens souffrir, pleurer, mourir. En un mot, — j'en demande pardon aux apôtres modernes du patriotisme, — je n'ai aucune joie à leurs misères ; et le massacre de ces pauvres diables de paysans voisins ne remplit mon cœur ni d'orgueil, ni de plaisir.

J'en suis même arrivé à ce degré d'infamie que j'ai pour eux, comme pour mes frères de France, la plus profonde pitié, et que je tâche de donner à mes élèves, à mes amis, à mes enfants, le respect de la vie humaine, qu'il s'agisse d'un étranger ou d'un Français.

J'ai même l'espoir, peut-être bien singulier, qu'un jour ce n'est pas moi qui serai traité de barbare.

3° *L'armée est une école d'abnégation, et la préparation à la guerre est le développement de la moralité.*

Cette opinion ne peut se soutenir que si l'on n'a pas été voir ce qui se passe dans les casernes, les camps et les chambrées. Je suis même sûr que bon nombre d'officiers sont parfaitement convaincus que les casernes et les chambrées sont d'une moralité et d'une salubrité irréprochables. Ils ont de très bonnes raisons pour le croire : ils n'y vont pas. Ils ne savent rien de ce qui se dit là ; ils lisent plus ou moins distraitement le rapport qu'un sous-officier leur apporte ; quand ils entrent, par grand hasard, on dit : *Fixe !* et ils passent.

L'impôt de la conscription n'est pas seulement le plus lourd, et le plus dur, c'est encore le plus vain des impôts. D'ailleurs, l'immense majorité des hommes de la classe n'ont qu'un souci, c'est de terminer leur service. Ils comptent les jours. C'est une corvée qui leur est imposée, et dont ils ne comprennent pas la nécessité. Ils se soumettent, parce qu'ils ne peuvent faire autrement, mais au fond ils haïssent l'armée et le régime militaire.

Quant à la moralité, il suffira de regarder les établissements qui avoisinent les casernes, estaminets, cantines, débits, bars, cafés, hôtels, lupanars, pour apprécier la haute moralité de la vie militaire.

Et puis, disons-le pour dissiper tout malentendu, nous ne prétendons pas qu'il soit mauvais, aux jeunes citoyens d'un pays, de se réunir, sous des chefs vigilants et zélés, pour pouvoir, pendant quelques semaines, ou quelques mois peut-être, acquérir certaines notions générales sur les devoirs du citoyen vis-à-vis de la patrie, notions qu'ils ne pourraient trouver ni à l'usine, ni aux champs, ni dans les salons. Oui, comme en Suisse, par exemple, un service militaire, très court, et très paternel, avec une armée organisée uniquement pour la défense, sans aucune arrière-pensée belliqueuse, qui ne connaîtrait pas la vie de caserne, mais la vie au campement ou sous la tente. Soit! Mais le service militaire de trois ans, tel qu'on le pratique aujourd'hui, contribue à l'abaissement de la moralité, et c'est un fléau qui opprime la conscience d'un peuple.

4° *La guerre est le triomphe du meilleur.* — Voilà une objection grave : l'objection métaphysique de Hegel, reprise par quelques philosophes et par certains écrivains.

Notons, d'abord, que, si cet argument était sérieusement défendu, il faudrait éliminer les petits peuples de la carte du monde. Malgré leur vaillance, les Suisses ne pourraient résister ni à une invasion française, ni à une invasion allemande. Supposons la coalition de l'Autriche et de la Prusse contre le Danemark, — on sait que ce n'est pas une légende, — que peut faire le Danemark, sinon être vaincu? En quoi cette défaite prouve-t-elle que la vaillance des Danois était inférieure à celle des Autrichiens et des Prussiens?

Déjà, par cette seule remarque, toute l'argumentation tombe, puisqu'on ne peut exclure les guerres entre adversaires de nombre inégal. Mais supposons que le nombre des ennemis en présence est à peu près le même, est-ce que fatalement le plus vertueux va triompher?

Il suffit de lire les histoires pour être convaincu du contraire. Souvent un hasard a décidé du sort d'une campagne. Un grand général, par une tactique savante et une habile stratégie, vaut à lui tout seul la valeur et l'héroïsme de plusieurs milliers de soldats. Et, d'autre part, un chef maladroit et inepte rendra inutiles le courage et la vaillance de ses troupes. Mieux vaut, disait je ne sais plus quel général, une armée de cerfs commandée par un lion, qu'une armée de lions commandée par un cerf. De la pensée et du talent de quelques hommes dépend le succès final, et on trouverait, à tout prendre, autant de courage dans les petits soldats vaincus que dans les petits soldats vainqueurs.

Et puis le mot force est extrêmement complexe. Un peuple se consacre uniquement à la guerre : il a des soldats disciplinés et nombreux, des chefs habiles et sages, un matériel de campagne irréprochable. Il est le plus fort pour la guerre, soit. Mais il est d'autres forces que la force militaire. Les peintres, les philosophes, les savants, les mathématiciens, les poètes, les industriels, les laboureurs, tous ces gens-là comptent pour quelque chose sans doute. Au fond le triomphe du plus fort ne signifie pas autre chose que le triomphe d'un peuple préparé à la guerre, contre un peuple non préparé à la guerre.

S'il en était ainsi, l'idéal de la civilisation ne serait plus que la préparation à la guerre. Beaucoup de bons fusils dans les arsenaux ; des cuirassés et des torpilleurs solides et rapides ; de la poudre partout; des bataillons homogènes, bien exercés, bien commandés; des forteresses fournies de munitions et de vivres; un service d'état-major irréprochable ; un service d'intendance impeccable, voilà alors à quoi devrait aboutir la fin de notre civilisation, le *nec plus ultra* de la pensée humaine. Étant le plus fort, ce peuple-là serait sûr de la victoire, et il pourrait se permettre impunément de violenter, de tyranniser, d'écraser les autres patries. M. de Vogüé n'a-t-il pas osé écrire que l'idéal d'une nation était de *flanquer des culottes à ses voisins* (*sic*) ?

Voilà la conception que ce grand penseur s'est formée du monde.

N'en déplaise à Hegel, le triomphe du meilleur est tout simplement le triomphe du plus fort. Or le plus fort, c'est celui qui a les plus gros bataillons ; ce n'est ni le meilleur ni le plus juste. Jadis, dans les duels, il était dit qu'on faisait par là appel au jugement de Dieu, et que le jugement de Dieu était toujours favorable au plus juste! Mais c'est seulement dans les mélodrames que l'homme vertueux est assuré de triompher du méchant. En réalité, l'issue du duel n'a aucun rapport avec le bon droit. On peut être très fort à l'épée ou au pistolet, et avoir tous les torts. J'ai beau faire : je ne vois aucune relation entre le succès des armes et la justice.

Si la guerre et la victoire par les armes décidaient tout, les petites nations n'auraient plus qu'à disparaître. Il faudrait renoncer à l'art, à la science, à la pensée. Le rêve des Romains de l'ancienne Rome devrait être aussi le nôtre : un peuple de soldats, ne vivant que pour la guerre et par la guerre.

Notre idéal de l'humanité n'est pas celui-là.

Notre idéal, si lointain qu'il puisse être, hélas! ce n'est pas la force, mais le droit. Nous voulons que la justice gouverne les relations des nations entre elles. Et, pour prendre deux grands exemples douloureux, deux plaies toujours saignantes, il me suffira de parler de l'Alsace-Lorraine et de la Pologne. Voilà ce que fait l'écrasement du faible par le fort.

5° *Les pays non belliqueux sont corrompus.* —

Quant à la corruption, à l'avilissement, à la pourriture qui menaceraient tout peuple dégagé des préoccupations belliqueuses, c'est un fantaisie sur laquelle peuvent s'écrire des variations brillantes, pour plaire aux dames; mais c'est une fantaisie que personne ne peut prendre au sérieux.

Il y a des nations belliqueuses et militaires, où tout est organisé pour la guerre : service militaire obligatoire et universel, budget militaire énorme, prépondérance du régime militaire sur le régime civil, armées permanentes colossales. C'est l'Allemagne, c'est la France, c'est l'Italie. Il est d'autres pays essentiellement pacifiques, comme l'Angleterre, et surtout comme les États-Unis. L'Angleterre, malgré ses puissantes et guerrières entreprises coloniales, n'est pas un pays militaire. Le service militaire n'est pas obligatoire; le régime militaire ne l'emporte pas sur le régime civil, et l'armée est minime relativement à la masse de la nation. Les États-Unis sont moins militaires encore, ce qui ne les empêche pas de faire la guerre, quand la folie de la guerre les aveugle. Mais, comme ils n'ont pas d'armée permanente, ils doivent en improviser une, ainsi qu'ils l'ont fait l'année dernière dans leur conflit odieux avec l'Espagne. En tout cas, cette guerre doit être considérée comme un accident. Et la nation américaine est la moins militaire qui fut jamais. Oserait-on prétendre qu'elle est plus corrompue que la nation française? Et accusera-t-on la société anglaise d'être plus pourrie que la société allemande?

On a trouvé un curieux argument : on a dit :

« La Chine n'est pas militaire : voyez à quel degré de décadence elle est tombée ! » Raisonnement bien digne des Chinois eux-mêmes ! Car, si les hommes de race jaune avaient l'intelligence des hommes de race blanche, avec les chemins de fer, l'électricité, l'amour du progrès et de la science, il ne faudrait pas parler de la décadence de la Chine, et ce n'est pas une longue paix qui leur a fait le cerveau plus étroit que le nôtre.

De fait, je vois bien ce qu'on supprimerait en supprimant les guerres : on diminuerait les impôts, on éviterait les massacres humains, on n'érigerait pas en axiome cette formidable erreur morale que la force prime le droit. Moins de facilité à l'alcoolisme, moins d'encouragement à la prostitution, l'allègement des misères et des haines, telles seraient les conséquences d'une civilisation pacifique remplaçant notre civilisation guerrière. Ce n'est pas là la décadence, à ce qu'il semble.

Loin de moi la croyance que la fin des guerres amènerait l'âge d'or, et que le ciel apparaîtrait sans nuages. Non certes ! Les passions humaines seraient toujours là, et des intérêts opposés rivaux lutteraient durement entre eux. Nous assisterions à de grandes luttes commerciales et industrielles, où il n'y aurait guère de place pour la pitié. Des conflits surgiraient encore, et des haines vivaces entre des groupements d'hommes, factices ou naturels, survivraient à l'extinction de la guerre. Probablement il n'y aura jamais cet âge de fraternité complète et sereine que notre constitution physiologique nous interdit. Les débats entre individus conserveront toute leur acuité; les luttes politiques seront tout aussi âpres. Mais au moins n'y aura-t-il pas de sang stupidement versé. Au moins un immense effort n'aura-t-il pas été dépensé en vain.

Le jour où furent remplacées les luttes à mains armées, entre individus ennemis, par le recours à un tribunal jugeant les différends, la haine n'a pas été supprimée, ni même la lutte. Mais les batailles pacifiques devant des tribunaux et des juges ont constitué un immense et incomparable progrès sur les batailles sanglantes, à l'épieu ou au coutelas, des civilisations primitives. Au point de vue international, nous en sommes encore à l'époque préhistorique, alors que l'homme des cavernes défendait contre ses frères, avec ses dents, ses ongles, et son silex taillé, le quartier de venaison qu'il rapportait à sa femelle et à ses petits.

Tout cela importe peu à M. Johns, à M. Coppée, à M. de Vogüé, à M. Valbert, à M. de Cyon, qui considèrent la guerre comme un bien. Sans la guerre, disent-ils, le monde tomberait dans une *dangereuse léthargie*.

M. Valbert, plus sage que M. de Vogüé, reconnaît cependant que la guerre n'est pas sans présenter quelques mauvais côtés ; c'est un fléau, dit-il, mais un fléau qui a des effets bienfaisants, et l'abolition de la guerre *n'ennoblirait pas notre espèce*. « Bref, ajoute-t-il résolument, s'il ne tenait qu'à moi de supprimer la guerre, *j'hésiterais peut-être.* »

On peut, sans crainte de se tromper, en conclure que M. Valbert a dépassé l'âge militaire, et qu'il n'a pas de fils sous les drapeaux. Autrement il parlerait un autre langage. Mais cela importe peu : retenons seulement cet argument de la *léthargie* et du *désennoblissement* de notre espèce.

Certes, quand tout un pays est secoué par la guerre, quand les routes sont encombrées de soldats ennemis, traînant des bandes de prisonniers et des convois de blessés, avec les contributions de guerre, les famines des villes assiégées, les bombardements, les capitulations, les fusillades d'otages, avec le choléra, le typhus, le scorbut, la pourriture d'hôpital... Certes, ô M. Valbert, vous pouvez vous réjouir, et ce n'est pas là de la léthargie.

Un malheureux épileptique, aux membres tordus, qui hurle dans d'atroces convulsions, en crachant de l'écume et du sang, en enfonçant ses ongles dans sa chair, et en faisant rebondir sa tête sur le pavé, n'est pas en léthargie. Est-ce là votre idéal, ô M. Valbert ?

L'Angleterre, qui, grâce à un demi-siècle de paix, a fait triompher partout son commerce, son industrie, sa langue, est-elle donc en léthargie, plus que la France qui a versé au Mexique, en Italie et sur le Rhin le meilleur de son or et de son sang ?

La France de Napoléon n'était pas en léthargie. S'est-elle enrichie, s'est-elle honorée dans ces guerres criminelles où la menait la fantaisie du despote qu'elle s'était donné ? A-t-elle conquis l'amour des peuples ? A-t-elle agrandi ses frontières ?

Ne connaissez-vous pas, M. Valbert, de petits

peuples, comme la Suisse, qui ont le malheur de vivre sans guerres? Allez donc, sous prétexte qu'ils ne se battent pas, leur raconter qu'ils s'endorment dans la léthargie.

Quant à l'ennoblissement de l'espèce, j'ignore ce que veut dire M. Valbert. S'il parle de la race, il doit savoir que ceux qui périssent sur le champ de bataille sont nos jeunes gens les plus sains et les plus braves. Car les sourds-muets, les rachitiques, les épileptiques, les bègues, les borgnes, les manchots, les becs-de-lièvre, les scrofuleux, et même les culs de jatte, n'ont pas à craindre que la mort les atteigne sur un champ de bataille. Ils nous restent heureusement, pour perpétuer et ennoblir la race; en effet leur infirmité les protège et les réserve pour les générations futures, tandis que tous les hommes valides, qui ont été forcés de partir, risquent fort, au jour du massacre, d'engraisser les champs avec leur corps vigoureux, fauché par les épidémies ou la mitraille.

On aurait un magnifique échantillon d'une race si on ne gardait pour la procréation des enfants que les infirmes déclarés inaptes au service militaire.

Et quant au courage militaire, eh bien! disons-le maintenant: c'est, à notre sens, une des plus vaillantes qualités de l'homme. Mais est-il nécessaire qu'il s'exerce ainsi? Toute la question est là.

Oui certes, le courage militaire est admirable. Jamais il ne nous est échappé un mot de blâme ou de réticence envers les vaillants qui ont sacrifié leur vie sur le champ de bataille ou ceux qui sont prêts à le faire.

Le mépris du danger, de la mort, des fatigues, de la faim, du froid, et de tous les maux que la guerre traîne après elle, c'est un si noble sentiment qu'il faudrait être dénué de toute grandeur d'âme pour ne pas le comprendre. L'idéal du soldat est l'amour du chef et du drapeau; car le chef et le drapeau représentent, sous une forme bien vivante, par un symbole que les plus incultes peuvent facilement saisir, la patrie, la patrie attaquée, qu'il faut défendre.

L'esprit de discipline, d'abnégation, de sacrifice qu'évoque l'amour du drapeau, c'est l'apogée des vertus humaines.

Nous voudrions que les grands traits d'héroïsme militaire fussent fréquemment enseignés dans les écoles, car il n'est pas de leçon plus salutaire. Prêcher le devoir militaire, c'est prêcher l'honneur et la vertu. Assurément les glorieux exemples ne feraient pas défaut. Depuis Léonidas jusqu'à la guerre franco-allemande, que de traits de courage, que de hauts faits à citer!

La vie de Jeanne d'Arc et les guerres de la première République fourniraient à elles seules de quoi émouvoir les plus rebelles. Quel beau livre que celui où seraient remémorés les actes de bravoure qu'a enregistrés l'histoire! Il faut que tous ces témoignages d'héroïsme, racontés et commentés, soient le livre d'or de notre jeunesse.

On ne pourra donc pas nous reprocher de faire bon marché des vertus militaires.

Mais cette admiration sans réserve que nous professons pour le courage n'entraîne aucunement l'admiration pour la guerre.

La plus pure vertu peut être employée à la plus exécrable cause. Des efforts généreux peuvent être employés à une œuvre inutile et néfaste. Et c'est malheureusement le cas de la guerre, avec tous les dévouements stériles qu'elle provoque.

Je suppose qu'on ait construit une immense machine élévatoire qui va puiser l'eau de la mer pour faire couler, à quelque cent mètres de là, sur le sable de la plage, cette eau à grand'peine élevée. Il me sera permis de m'extasier sur la force de la machine, ses magnifiques proportions, la puissance de ses chaudières et la résistance de ses bielles; mais il ne me sera pas permis de dire : « Continuez ce dur travail, » car ce travail est franchement idiot, et, plus la machine sera belle et puissante, plus j'aurai le droit de m'indigner que toute cette force soit si mal employée.

Encore l'inepte travail accompli, qui consiste à élever de l'eau pour la faire retomber ensuite dans la mer, n'est-il pas nuisible. C'est de la force perdue, c'est de l'intelligence et du travail en pure perte dépensés. Au moins personne n'en pâtit.

Mais que sera-ce si cette merveilleuse machine, au lieu d'un travail stérile, exécute un travail funeste. Par exemple, supposons qu'au lieu de rejeter l'eau de mer dans la mer, notre machine aille la répandre dans la campagne, pour l'inonder, détruire les prairies, les moissons, les blés; ou dans une ville, pour noyer les bibliothèques, les tableaux, les œuvres d'art, ruiner l'industrie de toute une région, faire périr de misère quelques centaines de paisibles citoyens. Alors je m'indignerai à bon droit, et je dirai à l'admirable machine et aux savants ingénieurs qui l'ont construite :

« Arrêtez... Quoique votre œuvre soit habile et puissante, elle est pernicieuse : employez votre talent et votre force à un autre usage... »

A vrai dire, une semblable machine n'existe pas. Est-ce parce qu'elle serait absurde? Franchement je ne le crois pas; car les hommes ont imaginé quelque chose de plus absurde encore : c'est la guerre. Si puissante que nous supposions cette machine élévatoire, elle ne pourra jamais coûter vingt milliards de francs : il lui sera interdit de dévaster trente départements, et, malgré tout son charbon et toute sa puissance, elle ne pourra noyer dans les flots qu'elle lance deux cent mille personnes.

Eh bien! ce que cette machine ne peut pas faire, la guerre le fait sans peine en quelques jours. Ce n'est pas la vapeur qu'on emploie, mais la force explosive de la poudre, ce qui est à peu près la même chose : et des merveilles d'industrie sont adaptées à la destruction et à la mort.

Je le répète, la valeur morale des ouvriers condamnés à cet odieux labeur n'est nullement atteinte; ils obéissent à des ordres supérieurs; ils ne comprennent pas le mal qu'ils font; ils exécutent en aveugles la tâche qu'on leur a confiée, qui est de faire manœuvrer la détestable machine. C'est presque leur devoir que d'accomplir cette œuvre de destruction. Pas un mot de blâme ne doit leur être adressé; mais, tout en respectant leur vaillance, tout en honorant leur énergie, il sera bien permis de déplorer le mécanisme destructeur dont ils sont les agents presque inconscients.

Je n'ai pas besoin de redire quels sont les résultats de la guerre. On les connaît. Ils sont infâmes, et c'est la honte de notre civilisation.

Parconséquent, la puissance, la vertu, l'énergie, le talent, le sacrifice peuvent servir des causes détestables. Nous ne nions ni la puissance, ni la vertu, ni l'énergie, ni le talent, ni le courage, ni le sacrifice qui sont déployés dans une bataille; nous disons seulement qu'ils sont employés à quelque chose d'absurde.

A quoi ont servi les guerres de Napoléon? On m'excusera d'y revenir; car cet homme a été vraiment le fléau du genre humain et le mauvais génie de la France. Certes, les soldats de Napoléon ont fait preuve des plus mâles vertus; mais la cause pour laquelle ils mouraient, et pour laquelle ils tuaient, était d'une scandaleuse iniquité. L'histoire a parlé, et son jugement est sans appel. Peut-il encore se trouver un seul homme de cœur et de sens qui ose défendre ce gigantesque brigandage qui s'appelle la guerre d'Espagne? Nos pauvres enfants allaient mourir là, parce qu'on leur disait de marcher, et, dans cette odieuse entreprise, ils sacrifiaient héroïquement leur vie. Assurément j'admire leur vaillance; mais, plus est grande mon admiration pour eux, plus grandit mon indignation pour le bandit couronné qui a ordonné ces massacres. Pendant quinze ans sa néfaste ambition s'est déchaînée sur l'Europe; des flots de sang ont coulé, pour que des pleutres, tels qu'un Jérôme, un Louis, un Joseph, eussent le droit de porter un diadème. Folie criminelle,

Les Horreurs de la Guerre, de Goya. La Guerre, vampire, dévore la malheureuse Espagne (1809).

inouïe, qui pèse encore aujourd'hui si durement sur les destinées de notre pays.

En lisant l'histoire des guerres de religion, on

est stupéfait des miracles d'héroïsme et d'abnéga-

Les Horreurs de la Guerre, de Goya. (Guerre d'Espagne, 1809).

tion qui ont été accomplis de part et d'autre. Parmi les assassins de la Saint-Barthélemy il s'est trouvé peut-être des héros, remarquables par une insigne bravoure, et probablement convaincus de la sainteté de leur cause. Je veux bien de tout mon cœur admirer et respecter leur courage, mais je crois bien que je me refuserai toujours à vénérer le crime qui a mis en jeu leur vertu.

Et puis, quand nous avons parlé du courage militaire, nous l'avons envisagé théoriquement, plutôt qu'à un point de vue réaliste. De fait le courage militaire n'est pas sans quelques inconvénients. Le soldat, même lorsqu'il sacrifie son existence, n'est pas un saint; tant s'en faut. Il perd à peu près la notion de la propriété des autres. Une armée en marche est sans scrupules pour ce qu'elle rencontre sur son passage : la maison, les pendules, les moutons, la cave, voire même la femme des civils, amis ou ennemis. Les grands chefs lèvent des contributions de guerre, ce qui est sans contredit une des plus savantes formes du vol. Quant aux simples soldats, imitant l'exemple des chefs, ils font main basse sur ce qu'ils trouvent à leur portée. Ils pillent avant la bataille, et ils pillent après. Même ce ne sont pas les plus braves soldats qui sont les moins pillards.

Ils sacrifient volontiers leur vie, mais ils font bon marché de la vie des autres. Si on voulait raconter dans le détail les actes de cruauté commis par les armées les plus vaillantes, on entendrait des récits peu édifiants, de fusillades, de tortures, d'exécutions et d'exactions de toutes sortes. Le courage militaire coïncide souvent — le plus souvent — avec d'autres qualités, militaires aussi, dit-on, mais qui ne sont pas faites pour exciter beaucoup notre admiration, l'esprit de rapine et de cruauté.

Pourtant laissons cela, et supposons que tous les héros de la guerre sont toujours humains, en même temps que généreux, justes et scrupuleusement respectueux du bien d'autrui. Est-ce à dire que, si la guerre est abolie, l'héroïsme ne trouvera plus d'occasion de s'exercer? Autrement dit, n'y a-t-il de courage que lorsqu'on porte un uniforme et un sabre? et ne peut-on faire preuve d'héroïsme que devant les balles et les obus?

Si vraiment il en était ainsi, il ne faudrait parler du courage que sur le champ de bataille, et je crois bien que ce serait faire grand tort aux braves gens qui composent notre armée que de leur refuser le courage parce qu'il n'y a pas eu de grandes guerres depuis vingt-sept ans. Non, assurément, même en temps de paix, le soldat et l'officier peuvent encore faire preuve de courage et se dévouer à la patrie.

Quoi! il faudrait un champ de bataille avec des morts, des blessés, des incendies, le deuil et le massacre partout, pour que le courage de l'homme pût s'exercer! Il n'y aurait de vaillance que celle du soldat, et on ne pourrait être brave que lorsqu'on essaye de tuer!

Si, d'ailleurs, le courage consiste seulement à exposer sa vie, nous en trouvons des exemples nombreux autour de nous.

Les chimistes, qui étudient les substances explosives; les ingénieurs, qui construisent des machines nouvelles; les géographes et les marins, qui s'aventurent dans les régions inexplorées; les aéronautes, qui vont par delà les limites connues chercher les secrets des abîmes de l'air; les physiologistes, qui étudient les virus et les venins, ont, tout autant que les professionnels militaires, à faire preuve d'une certaine vaillance. N'applaudissait-on pas hier un des plus grands conquérants pacifiques de notre époque, cet héroïque Nanson, qui, sans sacrifier une seule vie humaine, a donné des marques d'une intrépidité et d'une énergie que les plus fiers généraux de tous les temps auraient peine à égaler?

Ce serait singulièrement rétrécir la notion du mot courage que de l'attribuer seulement à ceux qui portent un uniforme. Il y a des héros dans toutes les professions, et ce n'est pas parce qu'ils sont obscurément héroïques, et sans vantardise, que leur héroïsme est moindre.

Le patron de la barque de pêche qui va à Terre-Neuve, commande à une quarantaine de braves gens, qui ont les plus difficiles vertus à déployer. Patience, discipline, adresse, que ne leur faut-il pas, quand il s'agit de lutter dans une coquille de noix contre l'ouragan déchaîné? Le médecin qui soigne des tuberculeux ou des varioleux a sous ses ordres des infirmiers, humbles auxiliaires, qui, à chaque minute, affrontent les plus redoutables contagions. L'ingénieur, qui va chercher de la houille au fond d'une mine, fait travailler des centaines de mineurs qu'un coup de grisou ou un éboulement peuvent faire disparaître comme un souffle.

Le paysan lui-même doit faire preuve à sa manière de quelque héroïsme, et il faut une constance d'âme peu commune pour travailler, travailler sans relâche, pendant des années entières, et pour un dérisoire salaire, malgré les intempéries, les obstacles, les difficultés et les dangers de toute sorte.

Ces actes de bravoure ont sur le courage militaire l'inconvénient d'être moins poétiques; mais ils ont cet avantage incontestable qu'ils sont utiles, au lieu d'être stériles. Le résultat d'une grande guerre, malgré toute la valeur qu'ont déployée les soldats, de part et d'autre, est, en mettant les choses au mieux, sans aucun profit pour l'humanité. La guerre de Crimée a eu pour point de départ des motifs tellement futiles que les historiens les plus érudits les ont oubliés. Quatre cent mille hommes sont morts en Crimée. Pourquoi faire? On serait bien embarrassé de le dire. On aura beau recueillir les traits de vaillance inoubliable amassés autour du long siège de Sébastopol, je ne pourrai jamais m'empêcher de penser que toute cette vaillance a été terriblement mal employée : et j'ai l'audace de préférer à ce sanglant fracas les actes que la bravoure, moins brillante, mais parfois aussi méritoire, des ouvriers de la paix accumule pour le plus grand bien des hommes.

Qu'il me soit permis de citer à ce propos un trait de courage digne des plus fameux traits d'héroïsme célébrés par les anciens. Il s'agit de la conduite tenue par la femme du consul français d'une petite ville d'Arménie. Une bande de soldats turcs avait déjà, suivant la coutume, massacré quelques Arméniens; le pacha aurait bien voulu faire subir le même destin à ceux qui restaient encore. Mais le consul français s'y oppose : il obtient qu'on conduise les malheureux dans un port européen ; cependant il ne peut les accompagner, car il doit rester à son poste. Comment faire alors ? S'il les laisse partir seuls, le sort de ces infortunés n'est pas douteux, ils seront à coup sûr égorgés en route. Eh bien, c'est la femme du consul, Mme Meynier, qui se décide à faire escorte aux trois cents expulsés. Son titre de femme du consul et de Française suffira peut-être à les protéger. Elle a deux enfants en bas âge, dont un qu'elle allaite encore. N'importe, elle partira. Les deux petits enfants tiennent la tête de la colonne, et Mme Meynier reste en arrière pour garantir la vie de ceux qu'elle est décidée à défendre. Pendant quinze jours de marche à travers un pays hostile, pas une fois elle ne manque à ce qu'elle considère comme son strict devoir. A un moment, le gouverneur d'une province veut empêcher le passage de la troupe des bannis. Alors elle fait traverser la rivière à ses deux enfants, et déclare qu'ils mourront de faim peut-être, mais qu'elle ne passera pas avant que tout le convoi d'Arméniens n'ait passé avant elle. Le pacha, intimidé, est forcé de céder. Et voilà comment trois cents existences humaines ont été sauvées par le courage d'une femme. Si ce n'est pas du courage militaire, on avouera qu'il est à la hauteur des plus beaux faits d'armes.

La bravoure du soldat sur le champ de bataille est un noble exemple ; mais cette bravoure ne peut s'exercer qu'au milieu du sang et des larmes, parmi le pillage, la ruine, l'incendie. Il a peut-être été nécessaire jadis; mais nous espérons qu'il sera bientôt inutile.

Quand nous aurons aboli la guerre, les sources du courage et de l'honneur ne seront pas taries. Il restera de nobles choses à faire. Au lieu d'utiliser les mâles vertus, dont la guerre a besoin, à des œuvres de mort, nous les emploierons à des œuvres de paix.

La matière qui nous entoure est profondément inconnue: nous essayerons d'en pénétrer les secrets. La libération définitive de l'homme ne sera acquise qu'au prix de cette connaissance des choses. Pour arracher à la jalouse Nature les mystères qu'elle cherche à nous dissimuler, des trésors d'énergie, de courage et d'intelligence devront de toutes parts être dépensés! Nous n'aurons pas trop du concours de tous les efforts pour réussir dans notre immense œuvre. Il y aura place pour le dévouement des plus grands, comme pour le zèle des plus humbles.

Nous n'essaierons donc pas d'arracher du cœur de nos enfants l'amour de la patrie; mais nous ne ferons pas consister l'amour de notre patrie en la haine de la patrie des autres.

Nous montrerons aux jeunes gens qu'il y a un idéal à atteindre: le courage individuel, qui n'a peur ni du danger ni de la mort; l'esprit de sacrifice, de générosité, de justice. Notre héros ne sera pas celui qu'on vante sans cesse dans les livres d'histoire : un despote, qui, pour l'amour de lui, et de lui seul, force de braves gens, faits pour s'aimer, à se déchirer comme des bêtes fauves.

C'est un autre modèle que nous proposerons à nos fils. Nous leur apprendrons que le mépris de la mort est l'idéal auquel il faut tendre, à la condition que le sacrifice de leur vie puisse alléger quelques-unes des misères humaines. Et, puisque les guerres de conquêtes ont un irrésistible attrait, nous leur enseignerons qu'il y a encore des guerres de conquêtes à faire : non plus contre les hommes, mais contre les choses. Oui, il faut que l'esprit dompte la matière, et l'indépendance des êtres humains, nos frères, sera le prix de cette lutte laborieuse qu'on doit entreprendre avec toute l'énergie et le courage qu'on a mis jusqu'à présent à s'entretuer.

Ce seront vraiment là les temps nouveaux. Le jour où cette colossale somme de forces, de vertus et de talents que l'humanité emploie à se détruire, sera employée au progrès moral et au progrès matériel, ce jour-là ce ne sera pas la léthargie, ce ne sera pas la corruption, mais l'avènement d'un monde meilleur que le nôtre. Encore un effort, et nous pourrons saluer sa venue.

Le dernier Canon, de Wiertz, Bruxelles. (Cliché Hermans, Anvers).

IV

L'ABOLITION DE LA GUERRE EST-ELLE UNE CHIMÈRE?

Nous nous sommes longuement étendu sur l'opinion des rares écrivains ou penseurs qui osent se faire les apologistes de la guerre; mais de fait ce n'est pas à leurs objections qu'il est surtout important de répondre; car le plus souvent on se contente de dire — et c'est par centaines de fois que j'ai entendu cette misérable affirmation: — « La guerre est un mal cruel, mais un mal nécessaire, et vous vous heurtez à une impossibilité en essayant de la combattre; vous êtes, vous, les pacifiques, des rêveurs, des gens chimériques, et vous n'aboutirez jamais. »

Chacun sait que de tous les procédés qu'on peut employer pour anéantir l'opinion d'autrui, le plus sûr et le plus commode est de traiter son opinion de chimérique. C'est une épithète sans réplique, et on est condamné sans discussion. Pourtant nous ne nous déclarons pas si facilement vaincu.

Le mot de chimère est bien vite dit; mais nous voudrions d'abord savoir ce qui sépare une chimère d'une réalité.

Une question de temps, et rien d'autre.

La chimère d'hier est la réalité d'aujourd'hui. La chimère d'aujourd'hui est la réalité de demain.

Il suffit d'énumérer toutes les grandes conquêtes de la civilisation pour faire le dénombrement de ce qui fut par nos ancêtres considéré comme chimère.

Le percement du canal de Suez a été pendant des siècles regardé comme une ridicule entreprise. Quelle folie de vouloir réunir deux mers, défaire ce que la nature a fait ! D'abord les niveaux de la Méditerranée et de la mer Rouge ne sont pas les mêmes. Puis, il n'y aura pas d'eau pour couler dans le canal. Puis, les sables le combleront. Puis les puissances s'opposeront au creusement. Puis, si l'on parvient à creuser cet impossible canal, le trafic sera insignifiant, les vaisseaux s'enliseront, etc., etc. C'est par de gros et savants volumes que les objections à cette chimère ont été amassées. On sait le reste. Il a suffi de la volonté énergique d'un seul homme pour réaliser ce que les savants, les ingénieurs, les politiciens avaient considéré comme irréalisable.

L'esclavage a passé pendant longtemps pour une des bases les plus solides du droit. Les plus grands esprits, Aristote lui-même, en faisaient un des principes de l'ordre social. Toucher à l'esclavage, c'était ébranler la société tout entière. On y a touché pourtant. Et il est probable qu'on n'a pas eu tort. En Russie, comme aux Etats-Unis d'Amérique, un décret a suffi pour faire cesser cette monstruosité, et la société n'a pas péri.

Tous les progrès de l'humanité, qu'il s'agisse de progrès moraux ou de progrès matériels, ont été taxés de chimériques. L'égalité des hommes devant la loi, le suffrage universel, l'abolition de la torture ou des procès de sorcellerie, voilà les chimères d'autrefois, chimères que les plus audacieux n'osaient même pas concevoir. Elles ont pourtant passé dans la réalité; et, si nous nous étonnons aujourd'hui, c'est qu'on ait pu supposer qu'elles aient paru insensées à nos aïeux.

Pour les sciences, la distinction entre la chimère et la réalité est impossible.

Que penserait un contemporain de Voltaire, que penserait Voltaire lui-même, si on venait lui dire que l'on peut lire à Paris, une heure après qu'il a été prononcé, le discours de l'Empereur du Japon, qu'on peut en moins de 24 heures aller de Paris à Berlin, et que le tour de la terre peut se faire en 50 jours ?

Que penserait encore ce même Voltaire, si on lui disait : « Toutes les formes de tous les mouvements peuvent se fixer sur le papier et donner leur image précise et exacte. On peut prendre l'image des pièces d'or que vous avez dans votre poche, sans les faire sortir de votre poche. Dans cette petite fiole, nous avons enfermé le germe de la tuberculose; dans cette autre, le germe du choléra; dans cette autre encore, le germe de la peste. Les opérations chirurgicales les plus sanglantes et les plus longues n'arracheront pas un cri de douleur au blessé. L'article que vous venez d'écrire sera en deux heures distribué à un million de lecteurs, et, en moins d'un jour, il y en aura autant d'exemplaires qu'il existe d'habitants de la terre. Nous vous dirons quels sont les métaux contenus dans chaque étoile, quoique la distance qui nous sépare de la plus voisine soit de plusieurs milliards de milliards de lieues. »

Toutes ces assertions eussent fait rire prodigieusement l'homme le plus spirituel et le plus perspicace du siècle, et il aurait envoyé le soi-disant prophète aux petites maisons.

Ces miracles d'autrefois sont aujourd'hui des réalités, des faits d'une banalité telle qu'ils n'étonnent même plus les petits enfants. Toutes ces chimères qui dépassaient les fantaisies les plus chimériques des rêveurs les plus audacieux sont en pleine exploitation industrielle; et il n'a fallu que cent ans pour les effectuer.

En cent ans l'humanité a fait des pas gigantesques. Le monde s'est transformé. Les arpents de neige du Canada sont devenus une des régions les plus fertiles de la terre. Les deux millions d'Américains sont une nation de quatre-vingt millions d'hommes. L'Australie, dont le nom était presque inconnu, possède de grandes villes aussi civilisées que le Paris d'aujourd'hui, plus peuplées que le Paris du temps de Louis XV.

Le canal de Suez est traversé chaque jour par trente navires dont chacun porte dix fois plus de marchandises que n'en a jamais pu contenir le plus grand des navires à voile.

Cent ans! il n'a fallu que cent ans! Cent ans, c'est-à-dire trois générations d'hommes! Et on vient nous parler de chimères, et nous objecter ce qui est possible et ce qui est impossible.

En fait de science, les vraisemblances ont été à chaque instant contredites par les faits. Jamais, disait J. Muller, on ne parviendra à mesurer la vitesse avec laquelle le courant nerveux se propage dans les nerfs. Deux ans après, Helmholtz, par une méthode aussi simple qu'ingénieuse, parvenait à mesurer cette vitesse avec une absolue certitude. Prévost et Dumas affirmaient qu'on ne pourrait jamais découvrir la matière colorante du sang, et cependant c'est une expérience aujourd'hui classique. Magendie, au moment même où se découvraient les propriétés du chloroforme, s'indignait qu'on pût songer à cette chimère, l'anesthésie chirurgicale.

Toutes les grandes découvertes ont rencontré des adversaires acharnés. Un parti puissant, le parti de la routine, s'est toujours opposé à ce qui constituait une innovation, un progrès. Or ce parti de la routine est légion. C'est lui qui gouverne : c'est lui qui mène l'opinion, sous la conduite de certains chefs ; car il a ses chefs, qui portent une robe de professeur ou une épaulette d'officier, suivant les cas.

Mais, au fait, nous les connaissons, ces maîtres de la routine, ces fanatiques du passé; et nous avons leur type immortel, encore vivant parmi nous : c'est le célèbre Thomas Diafoirus, qui n'a jamais rien voulu entendre aux prétendues découvertes de ce temps sur la circulation et aux autres balivernes *ejusdem farinæ*.

Harvey, Lavoisier, Darwin, Pasteur, Jenner, Cobden, John Bright, ont trouvé ces hommes devant eux : ils ont su les vaincre, et marcher en avant.

Le grand parti du passé, de l'opposition aux idées nouvelles, n'est cependant pas à dédaigner.

Il est clair que, si chaque année la société devait refaire à nouveau toutes ses opinions, toutes ses lois, tous ses principes, elle ne pourrait pas subsister. Ce perpétuel devenir serait intolérable. Il faut une certaine stabilité, et nous ne pouvons trouver mauvais que les défenseurs du régime ancien exercent quelque influence dans l'état. Mais cette obstination dans les errements du passé ne peut se défendre que si les errements sont respectables. S'il s'agit de la guerre, qui fait périr des milliers d'hommes pour une cause stupide, ou du militarisme qui abêtit et pervertit, l'entêtement dans le mal est inexcusable.

Thomas Diafoirus n'est plus seulement grotesque : il devient odieux.

Le seul argument qu'on puisse donner en faveur de la guerre, c'est ce syllogisme naïf et stupide, fait pour séduire les âmes simples : — *On a de tous temps fait la guerre; donc on la fera toujours.* — Creusez, analysez les belles phrases des admirateurs de la société actuelle, dépouillez-les de leurs ornements oratoires, et vous n'aurez que ce raisonnement inepte : *On a toujours fait la guerre ; donc on la fera toujours.*

C'est par ces puissantes raisons qu'on s'oppose à tout progrès, moral ou matériel.

Sterne raconte quelque part l'histoire d'un individu qui, pendant cinquante ans de sa vie, avait souffert du bruit strident que faisait en tournant sur ses gonds la porte de sa chambre. Un jour enfin — il était déjà très vieux — il y mit une goutte d'huile, et le grincement cessa.

Nous souffrons depuis des siècles du mal de la

guerre, et il ne faudrait pas grand'chose pour la faire disparaître.

Le tout est de le vouloir.

Ce qui prouve que l'abolition de la guerre n'est pas une chimère, c'est que la paix peut régner pendant longtemps. Il suffit qu'il y ait eu quelque part dix ans de paix assurée, pour démontrer, par un exemple irréfutable, que les nations peuvent vivre dix ans sans guerre. De même qu'on prouve le mouvement par le mouvement même, de même on peut prouver que la paix est possible, en prolongeant la durée des intervalles qui séparent les guerres. A quoi, en effet, se ramènera alors notre chimère de la paix ? A prolonger la situation dans laquelle nous sommes depuis vingt-huit ans. Nous avons vécu vingt-huit ans en paix, mais voici qu'un fétu, un ciron vont faire naître la guerre. Eh bien ! empêchons ce ciron, ce fétu, de déchaîner la tempête, et nous aurons réalisé notre programme.

Il suffirait donc à tous les hommes qui aiment la paix d'oser dire qu'ils ne veulent pas la guerre. Mais ils ont peur de passer pour de mauvais patriotes, les pauvres gens, et ils ne disent rien. Si on interrogeait individuellement ces grands batailleurs en paroles, on verrait bien qu'ils ne sont pas aussi belliqueux qu'ils le paraissent. Cela est certain, indéniable. Consultez les hommes du peuple, les paysans, les ouvriers, les soldats surtout, cette infime et négligeable multitude qu'on fait marcher à la mort en lui promettant la gloire, et vous verrez quelle sera leur réponse, qu'ils soient nés en Bretagne, ou en Saxe, ou en Toscane, ou en Écosse. Les uns et les autres savent bien que la guerre, c'est le mal, et, s'ils avaient voix au chapitre, il n'y aurait plus de massacres. Quelque aveugles qu'ils soient, ils ont cependant compris, les malheureux, que la guerre, c'est souffrance, maladies, mutilations, ruines, misères et mort.

Les seuls partisans des massacres internationaux, ce sont quelques hardis officiers qui font de la guerre une carrière, car elle leur amène l'avancement, les croix, les pensions. Ce sont encore quelques cerveaux brûlés, braves peut-être, bravaches à coup sûr, très capables de se battre, et de se faire tuer; incapables d'ailleurs de faire mieux. Encore ceux-là sont-ils excusables, car ils ne se cachent pas au moment du péril. Mais les vrais partisans de la guerre, ceux qui crient le plus fort, ce sont les théoriciens ès choses militaires, qui, le jour du danger, à l'exemple des directeurs des petits journaux, resteront les pieds sur les chenets, compulsant avec satisfaction les bulletins guerriers qu'on leur enverra de là-bas : journalistes à court de copie, intrigants politiques, avides de conquérir la faveur des marchands de vins électeurs, tout un monde de politiciens, d'avocats sans cause, de folliculaires sans conscience, de déclassés sans honneur. Voilà les partisans de la guerre! Et si à cette tourbe on ajoute les vieillards sans enfants et sans famille, les vieux garçons égoïstes, les délirants, les alcooliques, les fournisseurs qui réaliseront de gros bénéfices, les agents d'affaire et les hommes de bourse qui spéculent sur le malheur public, les nobles dames avides d'émotions nouvelles, les éclopés, les difformes et les paralytiques, qui sont bien sûrs qu'on ne les appellera pas sous les drapeaux, il ne restera plus personne pour désirer la guerre.

De fait la guerre est un fléau que tous exècrent. Par quelle étrange aberration cette haine unanime reste-t-elle inefficace? Qui trompe-t-on ici? comme disait Figaro. Tous nous sommes du même avis. Pourquoi ne décrétons-nous pas la suppression de ce grand mal? Comment peut-on dire qu'il s'agit d'une utopie, puisque tout le monde est d'accord?

Si les braves gens de l'Allemagne et les braves gens de la France pouvaient se parler autrement que par l'intermédiaire des ineptes et criminels journaux qui les trompent, la réconciliation serait bien vite effectuée, et on ne parlerait plus de se mitrailler. Mais on ne se parle pas, on ne se comprend pas : on écoute de perfides conseillers qui disent aux Français : « Les Allemands vous haïssent, » et qui disent aux Allemands: « Les Français ne cherchent qu'à vous massacrer ».

Ne se trouvera-t-il pas des gens de cœur qui diront aux deux peuples : « On vous trompe, on vous trahit, on vous exploite : vos ennemis ne sont pas au dehors : vos ennemis, ce sont vos maîtres. Honnêtes laboureurs de France, ce ne sont pas les honnêtes laboureurs de Saxe ou de Bavière qui cherchent à vous perdre, mais les chefs militaires que vous vous donnez sottement ».

L'ignorance, voilà la vraie cause des guerres. Cette pauvre chair à canon ne sait pas distinguer où est pour elle la rédemption; elle vote contre ceux qui veulent la protéger. A quelques semaines de distance ces malheureux ont par ignorance, en France, en Angleterre et en Italie, commis trois monstrueuses erreurs, presque trois crimes, crimes de sottise plus encore que d'ingratitude. A Paris, M. Frédéric Passy, le généreux et infatigable apôtre de la paix, n'a pas été réélu. A Milan, M. Teodoro Moneta, le vaillant champion de la justice internationale, n'a pas été réélu. A Londres, M. Randal Cremer, qui a eu l'admirable idée de la conférence pacifique parlementaire internationale, n'a pas été réélu.

Est-ce une chimère que de supposer que le peuple sera un jour plus éclairé, qu'il discernera ceux qui veulent le laisser plongé dans le gouffre de misère et ceux qui veulent le délivrer?

Un jour viendra, qui n'est pas loin, — qu'est-ce que trente ans, qu'est-ce que cent ans, qu'est-ce même que trois cents ans dans la vie des nations? — où les peuples se ressaisiront. Ces moutons qu'on mène à l'abattoir finiront par se révolter, et ce jour-là leur indignation sera si redoutable que vraiment je me sens pris de quelque pitié pour les derniers défenseurs du principe des guerres internationales, salutaires et régénérantes.

Nous sommes les victimes d'un malentendu colossal, et le monde actuel semble être dans la situation suivante. Deux cents personnes dans une salle. Sauf cinq, tous sont du même avis. Mais les cinq dissidents font un tel tapage et braillent tellement fort qu'ils finissent par terroriser les cent quatre-vingt-quinze autres, gens timides, naïfs, inactifs, et craignant de se compromettre; de sorte que les cinq braillards, malgré l'opinion de tous les autres, restent maîtres du terrain et réussissent à prendre l'autorité.

Les amis de la guerre ne sont relativement pas plus nombreux, mais ils font un tel vacarme qu'ils assourdissent et terrorisent les autres. Heureusement, nous ne nous laisserons pas effrayer, et leurs déclamations ne nous réduiront pas au silence. Nous forcerons bien les hommes, nos pauvres frères humains abêtis et aveuglés, à dire tout haut ce qu'ils pensent.

Malentendu, ignorance, erreur, cela ne peut guère durer plus longtemps, ou plutôt il y a trop longtemps que l'humanité vit sur cette méprise.

Nous allons examiner comment elle arrivera à sa libération.

V

LE PRINCIPE DE L'ARBITRAGE

Le moyen d'empêcher la guerre est tellement simple et efficace qu'on est inexcusable de ne pas le mettre en œuvre, et encore plus inexcusable de l'ignorer : c'est l'arbitrage.

Certes, au lieu de recourir à l'arbitrage, il serait plus simple et plus efficace encore de supprimer les litiges, les disputes et les haines; mais cette fraternité, que ne viendrait troubler aucun nuage, est impossible. L'absence de haines ou de discordes, voilà qui serait vraiment chimérique. Même on doit regarder comme certain qu'entre les peuples différents vont surgir des querelles graves, passionnées, nombreuses, portant sur les points les plus divers.

Il faut pour les résoudre choisir entre le droit ou la force ; la force, c'est la guerre, c'est le procédé des enfants, des bêtes, des sauvages : c'est le procédé des hommes d'aujourd'hui. L'autre procédé, c'est le droit; et le droit, c'est le recours à un tribunal arbitral.

Le premier principe du droit est qu'on ne peut se faire justice soi-même, et qu'on ne doit pas être juge dans sa propre cause. Tout différend, pour être jugé, suppose une tierce partie qui décide entre les deux disputeurs. Que le désaccord soit entre deux citoyens d'un même pays, ou entre deux pays, peu importe.

Nous verrons, dans le chapitre suivant, que l'arbitrage n'est pas une utopie, qu'il est constamment et régulièrement mis en usage, que depuis trente ans il a passé dans les mœurs diplomatiques, et qu'il suffira de l'étendre et de le généraliser pour en faire la base du droit international. Mais, dans ce chapitre, nous voulons d'abord expliquer en quoi il consiste, et ensuite répondre aux objections, ridicules ou non, qu'on a essayé d'y faire.

Distinguons d'abord la médiation et l'arbitrage. Deux gouvernements sont en désaccord sur une question. Un troisième gouvernement, désireux d'éviter entre les deux nations rivales un conflit grave et sanglant, propose sa médiation, et cette médiation est acceptée. Cela n'implique nullement, pour les deux pays qui l'ont acceptée ou même demandée, l'obligation de se soumettre à la décision du médiateur. Ils restent libres de rejeter ses conclusions, et ils ne se sont engagés à rien. De même le médiateur ne prétend pas faire office de juge impartial et rigoureux. Il ne dit pas qu'il se conformera à la justice, il dit simplement qu'il fera tous ses efforts pour arrêter une guerre imminente.

De là l'insuffisance d'une médiation. Elle vaut mieux que rien assurément. Elle donne aux parties adverses le temps de la réflexion ; elle permet d'imaginer des arrangements qui éviteront l'effusion du sang; mais elle n'est pas un obstacle à la guerre. Pour peu que les passions — comme c'est bien souvent le cas — soient surexcitées de part et d'autre par les polémiques passionnées de la presse, la médiation est inefficace.

Le principe de l'arbitrage est tout autre. La condition préliminaire de tout arbitrage, c'est que les deux parties contractantes prennent l'engagement préalable d'accepter la décision de l'arbitre choisi. Quelle que soit la conclusion de l'arbitre, elles s'engagent à ne pas recourir à la force, et à se soumettre sans réserve au jugement prononcé. D'autre part, l'arbitre s'est engagé en conscience à juger selon le bon droit et la justice.

Quand deux plaideurs sont en querelle, le tribunal qui les juge est un arbitre. Les deux plaideurs, bon gré, mal gré, sont forcés de s'incliner devant l'arrêt du tribunal, et d'autre part le tribunal juge en toute justice, et souverainement.

Cela posé, voyons quels sont les divers modes d'arbitrage international.

Il peut être *permanent* ou *accidentel, total* ou *partiel, facultatif* ou *obligatoire.*

Il y a arbitrage *accidentel*, lorsque, un conflit survenant entre deux gouvernements, tous deux décident de soumettre ce conflit à un arbitre spécialement désigné à cet effet. Cet arbitre peut être soit une seule personne — un souverain, un magistrat ou un diplomate, — soit une sorte de haute cour de justice composée de plusieurs personnes nominativement désignées.

En tout cas cet arbitre n'est arbitre qu'accidentellement, par suite du choix qu'on a fait, tant pour le juge que pour la chose jugée. Sa mission est de juger tel différend précis, et non tel autre.

L'arbitrage *permanent* est autre. Deux pays, alors même qu'aucune compétition ne s'est élevée entre eux, décident d'un commun accord que, si un conflit quelconque survient, au lieu de recourir à une stupide guerre pour le résoudre, ils porteront le litige devant des arbitres nommés à l'avance et spécialement désignés.

Par exemple, l'Italie et la République Argentine ont conclu un traité d'arbitrage permanent, et par conséquent nommé des arbitres qui instruiront des disputes à venir et décideront souverainement, sans que ni l'un ni l'autre des deux pays contractants, Italie ou Argentine, puissent se soustraire à cette juridiction.

Les traités d'arbitrage permanent représentent donc en droit international, bien mieux que les arbitrages accidentels, les tribunaux et magistrats qui, dans la justice civile, jugent les procès entre particuliers, puisque aussi bien les tribunaux civils siègent en permanence, et ne sont pas désignés spécialement pour juger de telle ou telle cause.

Un traité d'arbitrage peut être *total* ou *partiel.* Voici comment il faut entendre cette distinction.

Si un traité permanent d'arbitrage a été conclu, les questions soumises à l'arbitrage peuvent comprendre tous les litiges à venir, quels qu'ils soient, ou seulement quelques-uns de ces litiges.

Ainsi, l'Italie et l'Argentine auraient pu dire : Nous soumettrons à l'arbitre tout ce qui aura trait aux immigrants italiens en Argentine, mais les différends portant sur des points autres que la vie ou la propriété des Italiens en Argentine ne seront pas soumis à l'arbitrage. Par exemple, qu'un navire de guerre argentin ait coulé, accidentellement ou non, un navire italien, ou inversement, ce différend ne sera pas à régler par les arbitres ; car le traité d'arbitrage ne porte que sur la question de l'immigration et non sur les autres éventualités qui peuvent se produire.

Il en est de même pour les traités accidentels d'arbitrage. L'arbitre désigné n'aura qualité que pour juger tel ou tel point de la question litigieuse, et non tous les autres incidents qui surviendront.

Les traités d'arbitrage peuvent être encore *obligatoires* ou *facultatifs*, c'est-à-dire que les parties peuvent à l'avance se contraindre, sur quelque question que ce soit, à ne recourir qu'à l'arbitrage, et à s'interdire absolument toute guerre. C'est l'arbitrage obligatoire. Ou bien elles peuvent décider par avance que l'arbitrage sera facultatif, et qu'en cas de dissentiment il leur sera permis de ne pas y avoir recours.

Telles sont les distinctions qu'on peut faire entre les diverses formes des traités d'arbitrage. Il est facile de voir que, si avantageux qu'ils soient déjà, par suite de la misérable situation de notre droit international d'aujourd'hui, les traités d'arbitrage accidentels, partiels et facultatifs ne répondent point aux exigences d'un droit international strict et régulier.

D'abord, si le recours à l'arbitrage est accidentel, il est à craindre qu'il ne soit étrangement inefficace. En quelques heures de polémique, les journaux, avec leurs mensonges impudents, leur mauvaise foi, leur chauvinisme exalté et stupide, auront transformé une petite querelle insignifiante en une question vitale intéressant l'honneur de tout un pays. Les passions se seront exaltées, toutes les vieilles haines seront remontées à la surface, comme la lie des vins dans les fermentations tumultueuses. Il ne sera plus temps de faire appel à la raison, au bon sens. Le déchaînement des aveugles colères empêchera toute tentative de conciliation, et la seule idée de s'en rapporter au jugement d'un arbitre provoquera de part et d'autre des cris d'indignation, tellement chacun se croira assuré d'être dans son bon droit. Tout au plus, pour de petites disputes insignifiantes qui ne se seraient jamais, même sans arbitrage, terminées par une guerre, ces arbitres accidentels auraient-ils quelque influence?

Il faut donc que l'arbitrage soit permanent, c'est-à-dire conclu avant que la querelle ait pris naissance. Alors, par la force des choses, dès que le conflit aura surgi, les arbitres seront saisis, et il ne sera pas permis de refuser leur jugement.

C'est pour la même raison que l'arbitrage doit être obligatoire. Car, s'il est facultatif, c'est à peu près comme s'il n'existait pas.

Il faudrait être bien naïf pour croire qu'on a recours au juge, quand on a la permission de passer outre.

Supposons qu'on me permette de me faire jus-

BIBLIOTHÈQUE NATIONALE IMPRIMÉS R.F.

tice moi-même dans une querelle avec mon voisin. Si je me crois le plus fort, et si en outre je me suis persuadé que j'ai raison, je ne m'abaisserai pas à aller trouver des juges. Confiant dans mon soi-disant bon droit, et certain de l'impunité, puisque j'ai la force, j'irai hardiment attaquer mon adversaire, et je me moquerai d'un arbitrage facultatif.

Par conséquent, pour être efficace, l'arbitrage devra être à la fois *permanent*, *total* et *obligatoire*.

L'institution de ce tribunal arbitral est-elle possible ? Tel est le point que nous avons maintenant à débattre (1).

Supposons que les gouvernements et les peuples reconnaissent enfin la nécessité d'abolir la guerre. Faisons comme les mathématiciens quand ils ont

(1) D'excellents livres ont traité la question avec détail, et je me contenterai de mentionner le mémoire de M. Descamps, sénateur de Belgique, qui a présenté à la Chambre belge un admirable projet d'arbitrage international général, un discours remarquable de M. Mérilhon, avocat général à la Cour de cassation, des articles clairs et substantiels de M. Arthur Desjardins, les travaux de l'Institut de droit international, les comptes rendus des congrès de la Paix, et de la Conférence interparlementaire. M. Saint-John Armstrong a publié deux bons volumes sur les arbitrages, et l'Académie des sciences morales et politiques a fait de cette question le sujet d'un de ses prix. Les journaux pacifiques des divers pays, l'*Arbitrage* en France, dirigé par Ed. Thiaudière; le journal *Concord*, dirigé par M. Hodgson Pratt; la *Vita internazionale*, dirigée par T. Moneta ; la *Correspondance bimensuelle*, dirigée par M. Elie Ducommun, contiennent des indications précieuses. Toutes ces publications, tous ces livres méritent d'être consultés par ceux que ce grave problème intéresse.

On en trouvera la bibliographie plus loin, p. 188.

une difficulté à vaincre, et supposons le problème résolu.

D'abord ce tribunal arbitral permanent doit avoir une composition fixée par avance. Il ne faut pas soumettre la désignation des juges au hasard d'une détermination soudaine, prise au moment même où la crise d'une guerre menaçante vient d'éclater. Peu importe qu'elle soit formée de un, de trois, de vingt arbitres : ce sont là questions secondaires. Pourtant, si l'arbitre est seul, sa responsabilité devient extrêmement lourde, et on pourra toujours suspecter son intelligence, sa capacité, voire même sa bonne foi. Même neuf arbitres seront encore un tribunal de nombre un peu restreint, surtout si l'on songe aux compétences nombreuses que doit posséder, théoriquement au moins, l'arbitre qui aura à résoudre toutes les questions litigieuses, parfois très complexes, qui viendront à se présenter.

Un tribunal arbitral est institué. Il est composé de trente juges environ, chaque pays ayant envoyé pour s'y faire représenter un ou deux délégués, choisis parmi les diplomates, les philosophes, les jurisconsultes, les savants, les orateurs, les hommes les plus éminents et les plus intègres de la nation. Les petits pays comme la Suisse, la Belgique, le Portugal, la Hollande, la Grèce, le Danemark, la Suède, la Norvège, le Chili, l'Argentine, le Mexique, le Vénézuela, n'enverront chacun qu'un seul délégué, tandis que les grands pays, Angleterre, Etats-Unis, Italie, Allemagne, France, Autriche, Russie, Espagne, Brésil, enverront chacun deux représentants. Certes, alors, par rapport à leurs populations respectives, les petits pays seront plus abondamment représentés que les grands; mais c'est là une garantie d'impartialité.

Cette cour de trente membres, réunie à Genève, par exemple, ou à la Haye, représentera le tribunal chargé de décider les litiges, et par avance toutes les nations auront accepté la décision de ce souverain tribunal.

Pour être indépendants, ces juges seront inamovibles. En outre ils recevront des traitements importants. Je suppose que chacun d'eux touche cent mille francs annuellement. Croit-on que ces trois millions, qui éviteront une guerre, et dont la dépense sera répartie entre tous les peuples, ne feront pas une véritable économie? Comparez ce prix de trois millions à ce que coûte une guerre. Même si on admet que les frais du tribunal arbitral s'élèveront en tout à six millions, est-ce qu'on trouvera cette charge trop lourde? Six millions pour le budget de la paix de tous les peuples! Qu'on additionne toutes les dépenses faites, à l'heure actuelle, dans ces mêmes pays pour nourrir la guerre, et on constatera que, si les budgets de la guerre sont de six milliards, il y a économie à les remplacer par six millions pour les budgets de la paix.

Voilà donc trente juges de tous pays, indépendants, éminents, inamovibles, impartiaux autant que des hommes peuvent l'être. Il semble bien que leur opinion sera aussi proche de la justice absolue que peut l'être une opinion humaine?

Prenons un conflit grave survenant entre la

France et l'Allemagne, par exemple, pour donner tout de suite la plus grande gravité aux choses. En mettant à part les opinions des deux délégués français et des deux délégués allemands, lesquels auront à la rigueur en pareil cas le droit de n'être pas d'une impartialité absolue, peut-on supposer que les vingt-six autres juges ne jugeront pas impartialement ? Quelles que soient les intrigues des gouvernements français et allemand, il est impossible d'admettre que dix des juges arbitraux, chargés de rendre une sentence souveraine, pourront être achetés ou intimidés, et qu'ils seront soit par vénalité, soit par crainte, incapables de comprendre la grandeur de leur mission et la responsabilité morale qui pèse sur eux. Si deux hommes justes, savants, impartiaux, loyaux ne peuvent se trouver ni en Russie, ni en Italie, ni en Angleterre, ni en Autriche, s'il ne peut se rencontrer un seul honnête homme, ni en Portugal, ni en Belgique, ni en Suisse, pour être délégué à un tribunal arbitral, c'est à désespérer de l'humanité.

De fait, la véritable difficulté de l'arbitrage n'est pas là. Et la constitution d'une haute cour de justice, impartiale et intègre, ne pourrait sérieusement être considéré comme une utopie.

Mais on peut faire à ce tribunal arbitral deux objections assez graves, que nous devons exposer.

D'abord, quelle sera la sanction de ses décisions ? Quand un juge promulgue un arrêt, cet arrêt a *force de loi,* comme on dit. Si l'un des plaideurs est mécontent, peu importe, il n'en sera pas moins forcé d'accepter le jugement rendu.

Les gendarmes, et la police, et la force armée, qui représentent la société tout entière, sont là pour le contraindre à la soumission. Mais, dans le cas d'un tribunal arbitral, disent nos adversaires, quelle sera la sanction ? Au cas où l'une des deux parties se refuserait à accepter le jugement rendu, qu'elle soit isolée, ou qu'elle soit appuyée par une ou deux autres puissances, quel moyen aura-t-on de la réduire à l'obéissance ? Faudra-t-il organiser une armée qui fera respecter les décisions du congrès, et en serait-on amené à cette ridicule extrémité de faire la guerre pour mieux garder la paix ?

L'objection est importante. Cependant on peut y répondre.

D'abord, même si le tribunal arbitral est impuissant à empêcher toutes les guerres, et s'il ne réussit à en empêcher que quelques-unes, c'est assez pour justifier son institution. Nous ne pouvons affirmer qu'une cour arbitrale souveraine empêchera dans l'avenir toutes les guerres sans exception. Son rôle sera encore bien glorieux, s'il en conjure une seule.

Ensuite le fait même de se refuser à accepter le jugement des arbitres place un pays dans un tel état d'infériorité morale que c'est presque une infériorité matérielle. Tous les hommes sensés, et probablement tous les gouvernements, seront alors ligués contre lui. Il est devenu le perturbateur, l'ennemi public. Toutes les nations tiendront hors la loi cette nation rebelle. Même sans guerre on peut contraindre un pays à se soumettre à une décision juridique, par exemple en supprimant les relations commerciales et diplomatiques. Ce n'est pas impunément qu'on affronterait les hasards d'une guerre, en ayant, d'une manière éclatante, lumineuse, éblouissante, le bon droit contre soi. Même avec nos mœurs actuelles, qui sont des mœurs de sauvages, on n'ose pas, quand on fait la guerre, proclamer ouvertement qu'on a le droit contre soi. Au contraire, on prétend toujours qu'on représente la justice, et souvent on est persuadé de la bonté de sa cause. Mais comment pourrait-on l'être encore, après que les arbitres ont parlé? Se révolter contre la décision des arbitres, se dérober au jugement de la suprême cour juridique internationale, c'est par cela même proclamer cyniquement qu'on fait une guerre injuste et qu'on veut par la violence échapper au droit.

La sanction des jugements de la cour arbitrale, ce sera l'opinion publique.

Nul peuple ne voudra se mettre hors le droit commun : ce serait paralyser son commerce, son industrie, ruiner son bon renom, s'exposer, seul contre tous, à des représailles très dures.

Enfin, — et c'est là le point essentiel, — si les peuples se décident à instituer une cour arbitrale, par là même ils auront, au bout d'un nombre d'années relativement très court, supprimé les armées permanentes. On affecte de dire que, si l'on entretient de puissantes et coûteuses armées, c'est pour défendre son droit. Mais le jour où il y aura un droit international, les armées seront inutiles, et la suppression des armées entraînera la suppression des guerres. Si la guerre existe, c'est qu'elle a ses professionnels, des gens qui la cultivent et qui en vivent, dont c'est le

La Paix, de Gustave Doré.
(D'après la gravure de la maison Goupil et Cie).

métier et le gagne-pain. Etrange métier, qui consiste dans la ruine et le massacre d'autrui ! Le

La Guerre, de Gustave Doré. (D'après la gravure de la maison Goupil et Cie).

jour où le corps des officiers aura disparu pour

n'être plus représenté que par quelques officiers de gendarmerie, nos fureurs belliqueuses d'aujourd'hui seront prises en dérision.

Aussi bien, tous les raisonnements qu'on fait sur l'autorité dévolue à une cour d'arbitrage ne tiennent pas devant cette conséquence nécessaire. A partir du moment où le droit sera souverain, les armées permanentes n'auront plus de raison d'être, et la cause la plus puissante de la guerre — ou plutôt la possibilité de la guerre — aura par là même cessé d'exister.

Qu'il surgisse encore des différends, et des différends graves, entre les nations, cela n'est pas douteux. On ne les évitera pas plus qu'on ne peut éviter les procès entre particuliers; mais ces procès n'auront pas besoin pour être jugés de coûter dix milliards et cinq cent mille hommes. Une cour arbitrale en décidera. Je suis fermement convaincu que, dans un demi-siècle, dans un siècle au plus, nos petits-enfants auront peine à comprendre qu'il nous ait fallu tant d'efforts, tant de polémiques, pour arriver à faire comprendre le principe de cette institution sociale et internationale, qui ne bouleversera rien, qu'un simple décret réalisera, et dont la conception est si élémentaire qu'elle s'impose aux esprits les plus simplistes.

Cet avenir de paix peut être très prochain, si les amis de la paix ne ralentissent pas leurs zèle.

Pourtant il ne faut pas se payer d'illusions. La conception d'un droit international n'est pas encore assez familière, même à l'esprit des meilleurs, pour qu'un tribunal arbitral général puisse être immédiatement institué, c'est-à-dire dans un an, dans trois ans, dans cinq ans. Soit! il faudra attendre vingt ans, un demi-siècle, un siècle peut-être. Mais ce n'est pas une raison pour ne rien faire. Si nous ne pouvons établir dès aujourd'hui le régime du droit, nous pouvons dès aujourd'hui le préparer. Nous devons recommander des arbitrages partiels, des arbitrages éventuels, facultatifs, d'abord avec les nations les plus éloignées, celles pour lesquelles nul motif de conflit n'est à craindre. Puis des traités d'arbitrage avec les nations voisines et rivales seront établis, et ainsi un régime de paix et de droit sera graduellement substitué au régime d'iniquité dont nous souffrons aujourd'hui.

Répétonsdonc tous, sans nous lasser, ce grand mot d'arbitrage, synonyme de justice, et on finira par nous entendre. Contentons-nous de quelques progrès partiels, si insuffisants qu'ils paraissent. Prêchons les arbitrages isolés, préludes de l'arbitrage général. N'attachons pas trop d'importance, comme le font quelques-uns de nos amis, théoriciens de l'arbitrage, à telle ou telle forme de tribunal. Le type que nous avons présenté ici est un des nombreux types qu'on a déjà essayé de constituer. Mais, quelle que soit la forme adoptée, elle sera toujours préférable à ce qui existe. L'essentiel est que les peuples comprennent que là est la délivrance, et que les gouvernements y voient pour eux la source de la plus saine et de la plus puissante popularité.

Que cette victoire sur la sauvagerie soit une chimère, voilà ce qu'il est absolument impossible d'admettre. Ce serait à désespérer de la raison humaine. De fait l'arbitrage n'est pas impossible, puisqu'il existe. Il a fait ses preuves. Ce n'est pas une illusion, un fantôme. C'est une réalité. Il y a déjà eu plus de deux cents arbitrages qui ont évité des guerres. Il ne s'agit donc pas de créer quelque chose de nouveau, mais de généraliser une pratique très répandue, beaucoup plus commune, beaucoup plus simple qu'on ne le suppose.

C'est ce que nous allons essayer d'établir dans le chapitre suivant.

VI

LES ARBITRAGES INTERNATIONAUX

Nous allons prouver par des faits que l'arbitrage international n'est pas une chimère, qu'il existe, qu'il est facile, qu'il peut empêcher la guerre, qu'il l'a souvent empêchée, et que sa généralisation ne renverserait pas la société.

Il n'y aurait plus de guerres. Il n'y aurait plus d'armées. Voilà tout. Il semble que ce soit assez. Et, devant ce double bienfait, tous les autres progrès de la civilisation ne sont rien.

Je ne publierai pas la longue liste de tous les traités d'arbitrage : il me suffira de citer les principaux parmi ceux qui sont postérieurs à 1838.

1° 1839. — Arbitrage entre la France et le Mexique. La reine d'Angleterre fut prise comme arbitre. Il s'agissait de vaisseaux de guerre capturés après la prise du port de Saint-Jean d'Ulloa.

2° 1842. — Arbitrage entre la France et l'Angleterre. Le roi de Prusse fut pris comme arbitre. Indemnités aux sujets britanniques par suite du blocus de Portendick au Sénégal.

3° 1845. — Arbitrage entre la Sardaigne et l'Autriche. Arbitre : le Tzar. Droits de commerce sur le sel.

4° 1851. — Arbitrage entre la France et l'Espagne. Arbitre : le roi des Pays-Bas. Prises maritimes de navires espagnols et français lors de la guerre de 1824.

5° 1851. — Arbitrage entre les Etats-Unis et le Portugal. Arbitre: Napoléon III. Capture d'un navire américain.

6° 1853. — Arbitrage entre les Etats-Unis et l'Angleterre. Arbitres : une commission de jurisconsultes des deux pays. Faits de piraterie maritime.

7° 1858. — Arbitrage entre les Etats-Unis et le Chili. Arbitre : le roi des Belges. Piraterie maritime.

8° 1859. — Arbitrage entre les Etats-Unis et le Paraguay. Arbitres: une commission de jurisconsultes des deux pays. Indemnités pour menaces de guerre.

9° 1862. — Arbitrage entre l'Angleterre et le Brésil. Arbitre : le roi des Belges. Offense à des marins anglais.

10° 1862. — Arbitrage entre les Etats-Unis et le Pérou. Arbitre : le roi des Belges. Piraterie maritime.

11° 1864. — Arbitrage entre l'Angleterre et le Pérou. Arbitre : le sénat de Hambourg. Emprisonnement d'un officier anglais.

12° 1869. — Arbitrage entre l'Angleterre et le Portugal. Arbitre : le président des Etats-Unis. Propriété de l'île de Bulama sur la côte occidentale de l'Afrique.

13° 1872. — Arbitrage entre l'Angleterre et les Etats-Unis. Arbitre : l'empereur d'Allemagne. Possession litigieuse de territoires.

14° 1872. — Arbitrage entre l'Angleterre et le

Portugal. Arbitre : le maréchal de Mac-Mahon, président de la République française. Possession de territoires de la baie de Delagoa sur la côte orientale d'Afrique.

15° 1873. — Arbitrage entre le Japon et le Pérou. Arbitre : l'empereur de Russie. Offense à un sujet péruvien.

16° 1874. — Arbitrage entre la France et le Nicaragua. Arbitre: la Cour de cassation de France. Indemnité à un capitaine de vaisseau anglais.

17° 1875. — Arbitrage entre la Chine et le Japon. Arbitre : le ministre de la Grande-Bretagne. Indemnité à un sujet japonais.

18° 1875. — Arbitrage entre le Chili et le Pérou. Arbitre : le ministre des Etats-Unis à Valparaiso. Règlement d'indemnités de guerre.

19° 1880. — Arbitrage entre la Grande-Bretagne et le Nicaragua. Arbitre : l'empereur d'Autriche. Délimitation de frontières.

20° 1882.— Arbitrage entre la France et le Chili. Arbitres : commissaires nommés par les parties contractantes et par le Brésil. Indemnités à des sujets français.

21° 1882. — Arbitrage entre les Pays-Bas et la République Dominicaine. Arbitre : le président de la République française. Piraterie maritime.

22° 1885. — Arbitrage entre l'Allemagne et l'Espagne. Arbitre : le pape Léon XIII. Offense au pavillon allemand. Revendication de territoire par l'Espagne.

23° 1887.— Arbitrage entre l'Italie et la Colombie. Arbitre : le ministre d'Espagne. Offense à un sujet italien.

24° 1887. — Arbitrage entre la Colombie et le Vénézuela. Arbitre : le ministre d'Espagne. Démarcation de frontières.

25° 1888. — Arbitrage entre le Nicaragua et Costa-Rica. Arbitre : le président des Etats-Unis. Démarcation de frontières.

26° 1888. — Arbitrage entre le Pérou et la Bolivie. Arbitre : le ministre d'Espagne. Démarcation de frontières.

27° 1888. — Arbitrage entre le Pérou et l'Equateur. Arbitre : la reine d'Espagne. Démarcation de frontières.

28° 1888. — Arbitrage entre l'Allemagne et l'Angleterre. Arbitre : le gouvernement belge. Revendications de territoire et d'influence.

29° 1889. — Arbitrage entre la France et les Pays-Bas. Arbitre : le Tzar. Démarcation de frontières.

30° 1889. — Arbitrage entre le Danemark et les Etats-Unis. Arbitre : le ministre d'Angleterre à Athènes. Offense à un navire américain.

31° 1890. — Arbitrage entre l'Angleterre et la France. Arbitres : une commission composée de sept membres, dont trois nommés d'un commun accord par les deux parties contractantes. Affaires de Terre-Neuve concernant la pêche du homard.

32° 1891. — Arbitrage entre l'Angleterre et les Etats-Unis. Arbitres : une commission arbitrale composée de sept membres, dont un nommé par la France, un par la Russie, un par la Suède, deux par les Etats-Unis et deux par l'Angleterre. Pêche des phoques dans la mer de Behring.

33° 1895. — Arbitrage entre le Vénézuela et

l'Angleterre. Arbitre: une cour arbitrale composée de deux Anglais et de deux magistrats des Etats-Unis. Délimitation de frontières.

34° 1896. — Arbitrage entre la France et le Brésil. Arbitre : le président de la Confédération Helvétique. Délimitation de frontières.

35° 1897. — Arbitrage entre Costa-Rica et la Colombie. Arbitre : le président de la République française. Délimitation de frontières.

36° 1897. — Arbitrage entre Haïti et Saint-Domingue. Arbitre : le pape Léon XIII. Délimitation de frontières.

Nous n'avons pas mentionné dans cette liste le plus important des arbitrages, celui qui a inauguré les grandes juridictions internationales : il est connu sous le nom d'arbitrage de l'*Alabama*.

Rappelons en quelques mots cette histoire : elle est singulièrement instructive, car elle prouve, mieux que toute dissertation, avec l'éloquence incomparable des faits, comment le droit peut suppléer à la violence.

Pendant la guerre de Sécession qui mit aux prises les Etats du Nord avec les Etats du Sud de l'Amérique septentrionale, quelques Américains appartenant au parti sudiste armèrent en Angleterre des navires qui, avec un équipage de guerre et des munitions, firent des courses de corsaires contre la marine marchande des Etats-Unis. La *Georgia*, la *Florida*, la *Shendanoah* furent ces navires ; mais le plus célèbre fut l'*Alabama* qui fit de grands ravages maritimes, coula ou prit plus de soixante navires de la marine marchande des Etats du Nord.

Lorsque la guerre fut terminée, les Etats-Unis songèrent à adresser des réclamations à l'Angleterre (1865). De longues et laborieuses négociations eurent lieu; les deux parties d'abord refusaient toutes deux l'arbitrage; et, en effet, il est évident que s'en remettre à un arbitre, c'est implicitement abandonner quelques-unes de ses prétentions; c'est reconnaître, et par avance admettre, qu'on n'obtiendra pas satisfaction pleine et entière. Quand on se croit fort de son droit, on éprouve quelque peine à supposer que ce droit va être méconnu. Aussi, tout d'abord, ni l'Amérique ni l'Angleterre ne voulurent entendre parler d'arbitrage.

Mais la guerre-franco-allemande de 1870-1871 venait d'avoir lieu. Les hécatombes de cette lutte abominable avaient fait, à n'en pas douter, une profonde impression sur tous les esprits. L'idée que ces horreurs pourraient se renouveler entre l'Angleterre et les États-Unis décida les membres des deux Gouvernements et des deux Parlements à recourir à un tribunal arbitral. Le vice-président des États-Unis, M. Colfax, disait au Sénat : « Quand même l'arbitrage ne devrait pas nous donner un seul dollar, je me lèverais devant mes concitoyens, et je leur crierais : Acceptez, quelle qu'elle soit, la résolution des arbitres; renoncez à toute indemnité, plutôt que de rétrograder d'une seule ligne de la haute position morale dans laquelle vous vous êtes placés avec l'Angleterre vis-à-vis des autres nations du monde. »

Le tribunal arbitral était composé de cinq membres nommés par le président des États-

Unis, par la reine d'Angleterre, par le roi d'Italie, par le président de la Confédération Suisse et par l'empereur du Brésil.

Le tribunal se déclara compétent sur toutes les questions qui lui étaient soumises; mais, comme les réclamations des États-Unis étaient colossales, il y eut en Angleterre un soulèvement général d'opinion. Pendant quelques semaines on crut que ni le gouvernement anglais ni le peuple anglais n'accepteraient que la question fût ainsi posée. Ils eurent pourtant la sagesse de se soumettre, comprenant, dit quelque part M. Frédéric Passy, qu'une indemnité de paix, si exorbitante qu'elle soit, est encore moins lourde que la plus petite indemnité de guerre.

La somme que l'Angleterre dut payer à l'Amérique s'éleva à 80 millions de francs.

Cet arbitrage de l'*Alabama* fait époque dans l'histoire du droit international, non seulement à cause de l'importance du litige, mais encore parce que des passions violentes avaient été soulevées de part et d'autre, et qu'elles purent s'arrêter devant une décision juridique. La guerre était imminente. L'évidente impartialité d'un tribunal arbitral l'a empêchée.

Pourquoi n'en serait-il pas ainsi à l'avenir?

Si nous faisons la liste complète des arbitrages, nous pouvons constater que cette voie de juridiction devient de plus en plus fréquente.

Cela prouve qu'en dépit des déclamations outrancières des soi-disant patriotes, l'idée d'un droit international fait des progrès, même auprès des gouvernements et des diplomates, si rebelles parfois aux conceptions du droit moderne.

En effet, nous comptons :

De 1794 à 1848,	9 arbitrages,	soit annuellement 0/0	0.2
De 1848 à 1870,	15 —	—	0.7
De 1870 à 1880,	14 —	—	1.40
De 1880 à 1891,	20 —	—	1.80
De 1892 à 1898,	16 —	—	4.20

Si imparfaite que soit cette statistique, puisqu'elle comprend des éléments assez hétérogènes, elle est, dans son ensemble, très exacte, et prouve que la pratique de l'arbitrage tend chaque jour à se généraliser davantage.

Dans ces dernières années, de grands efforts ont été tentés. Les résultats sont médiocres au prix de ce que nous rêvons. Ils sont considérables si nous voulons bien regarder en arrière.

Le 8 juillet 1895, sur la proposition de M. Barodet, la Chambre des députés française a voté, à l'unanimité, une proposition invitant le gouvernement français à conclure un traité d'arbitrage avec les Etats-Unis. Mais, par suite de différentes causes, défaut de bonne volonté chez beaucoup de sénateurs américains, indifférence des deux gouvernements, peu de zèle chez les partisans, même avérés, de cette généreuse proposition, elle n'a pas abouti ; de sorte que si les Etats-Unis, d'une part, et la République française, de l'autre, ont accepté en principe l'idée d'un traité d'arbitrage permanent, rien de décisif n'a été fait encore.

Si l'indifférence et la pusillanimité des mandataires de la nation n'étaient pas choses avérées, il y aurait assurément de quoi nous lamenter et nous indigner. Personne, depuis 1895, ni aux États-Unis, ni en France, n'a songé à reprendre cette proposition d'arbitrage.

Le Shorting norvégien a nommé une commission de neuf membres chargée de rechercher les moyens de conclure des traités d'arbitrage permanents entre la Norvège et les autres États.

L'Angleterre et les Etats-Unis ont été sur le point de conclure un général et permanent traité d'arbitrage. Il semblait que le projet dût réussir. Le Parlement anglais avait accepté ; mais, au Sénat américain, il s'est trouvé des sénateurs qui, poussés par cet esprit belliqueux et conquérant dont beaucoup de citoyens des Etats-Unis nous donnent en ce moment le triste exemple, ont fait des objections enfantines, proposé des amendements ineptes, introduit des clauses ridicules, si bien que le traité n'a pu être voté.

Heureusement, pour consoler de ce grave échec les partisans de la paix, un traité vient d'être signé entre l'Argentine et l'Italie, traité d'arbitrage permanent, total et obligatoire. C'est, à vrai dire, le premier exemple de l'institution qui sera, dans un avenir prochain, la base du droit international. Désormais, une guerre entre l'Italie et l'Argentine est devenue impossible.

Essentiellement tout traité d'arbitrage contient les trois clauses suivantes :

1° Tout différend qui ne peut être réglé par un accord amiable sera résolu par un arbitrage ;

2° Les parties contractantes s'engagent à se conformer à toutes les décisions de l'arbitre ;

3° La constitution du tribunal arbitral est réglée par un traité permanent d'arbitrage, antérieur à l'éclosion du différend.

Si l'on songe que tout recours à une juridiction équitable assure le triomphe de la justice et du droit, on ne comprend pas pourquoi un peuple quelconque, si fier qu'il soit, ne veut pas s'y soumettre. Qu'il désigne des arbitres dont l'impartialité lui est connue, et il n'aura pas à craindre de subir quelque injustice.

Ne pas vouloir de l'arbitrage, c'est presque par avance reconnaître qu'on ne croit pas à son bon droit, et proclamer qu'on espère pouvoir impunément commettre une injustice.

Un individu qui s'imagine être le plus fort est toujours tenté de dire : « Pourquoi irais-je m'adresser à un tribunal ? Il pourrait bien me donner tort, tandis qu'avec ma force je n'ai pas à craindre d'être vaincu, et franchement j'aime mieux user de ma force que de recourir au droit. »

Au fond c'est là la pensée intime — pensée d'iniquité — inspirant les peuples qui ne veulent pas de traités d'arbitrage. Ils ne se rendent pas compte que ce raisonnement, *odieux, s'ils sont les plus forts*, devient tout simplement *idiot, s'ils sont les plus faibles.*

Or il est toujours possible, à un moment donné, d'être le plus faible. Quelle nation peut être assurée d'avoir toujours des armées plus nombreuses, mieux commandées, mieux pourvues d'armes nouvelles, de chefs habiles et de soldats valeureux? Qui peut être garanti contre une coalition? A tout prendre, même si l'on est bien armé, plutôt que de risquer les hasards d'une bataille, il est plus sage de s'en rapporter aux décisions d'un tribunal.

Otons les masques. Quand on parle de la justice et du droit, et qu'on a peur d'un tribunal, c'est parce qu'on prépare quelque iniquité. Si l'on ne veut pas d'un arbitrage, c'est parce qu'on a peur de voir sanctionnée par une cour d'hommes probes et désintéressés la violation du droit qu'on médite.

Refuser en principe l'arbitrage, c'est faire le solennel aveu d'intentions criminelles. Les peuples qui n'ont pas l'arrière-pensée d'être, si une occasion favorable se présente, conquérants ou envahisseurs, n'ont rien à redouter d'un tribunal de justice. Éviter de conclure un traité d'arbitrage, c'est se réserver le pouvoir d'être impunément injuste.

Assurément, c'est se lier les mains pour les œuvres de violence. Oui! c'est vrai! On est désarmé pour le mal. Mais pourquoi pas? Quelle forfaiture méditez-vous donc? Les démocraties européennes veulent-elles donc continuer les traditions monarchiques, recommencer les guerres d'invasion, et risquer d'être envahies à leur tour? Veulent-elles asservir les autres nations, ou bien être assurées de rester libres, dans leur territoire libre. Qu'importe de ne pouvoir plus envahir les peuples voisins, s'il est, par un juste retour, impossible aux peuples voisins de vous envahir ?

Tout cela est tellement évident, que la lumière se fait déjà peu à peu dans les esprits : les Parlements et les Gouvernements subissent déjà la pression de l'opinion publique : car l'opinion publique commence à s'émouvoir, et les Parlements de tous pays ont compris la nécessité de la Paix.

VII

LES INSTITUTIONS PACIFIQUES

Un événement mémorable dans l'histoire du droit international, c'est l'institution de la *Conférence interparlementaire* dont MM. Marcoartu, Randal-Cremer, Jules Simon, Frédéric Passy ont pris la généreuse et féconde initiative.

La première réunion eut lieu à Paris les 29 et 30 juin 1889, sous la présidence de M. Jules Simon. Elle comptait des représentants de toutes les grandes nations, et des membres des Parlements anglais, espagnol, belge, allemand, français, italien, danois, grec, hongrois et américains y prirent part. Progrès considérable dans l'idée de l'arbitrage, puisque tous ceux qui faisaient partie de cette conférence participaient au gouvernement de leur pays. Ce n'était plus, comme pour les Congrès de la paix, une réunion d'hommes sans mandat, dévoués corps et âme à la cause pacifique, mais dépourvus d'autorité. Cette fois, les amis de la paix étaient plus que des simples citoyens ou des philosophes chimériques. C'étaient des hommes de gouvernement, qui, par le seul fait d'adhérer à ce programme de paix et d'arbitrage, prenaient tacitement l'engagement de défendre cette noble cause dans leurs Parlements respectifs.

Depuis 1889, tous les ans cette Conférence interparlementaire s'est réunie : en 1890, à Londres ; en 1891, à Rome ; en 1892, à Berne ; en 1894, à La Haye ; en 1895, à Bruxelles ; en 1896, à Budapest ; en 1897, à Bruxelles.

Aujourd'hui, l'union interparlementaire compte près de quinze cents adhérents, tous des parlementaires ; et, pour ne pas excepter la Russie, il a été admis que, dans les pays où le régime parlementaire n'existe pas, la représentation se ferait éventuellement par tels ou tels membres des grands corps constitués.

Les réunions se tiennent parallèlement avec les réunions des Congrès internationaux de la paix, dans la même ville, et quelques jours après. C'est en quelque sorte le Congrès officiel de l'arbitrage, tandis que la réunion des amis de la Paix représente le Congrès libre, non officiel.

L'œuvre ainsi entreprise avec cette collaboration féconde n'est pas encore très considérable. Elle a abouti cependant à un résultat dont l'importance est primordiale, à la création d'un Bureau international de la Paix.

Ce *Bureau international de la Paix* siège à Berne, sous la direction d'un homme dont le dévouement est égal à la haute intelligence, M. Elie Ducommun. Des délégués de plusieurs nations en font partie. Toutes les questions afférentes aux conflits internationaux y sont débattues : le Bureau de la Paix est en relations avec toutes les Sociétés de la Paix ; et, à diverses reprises, quand une guerre était menaçante, des appels ont été faits aux gouvernements intéressés.

C'est là le rudiment, l'ébauche d'une grande chose. Les plus nobles institutions n'ont pas eu des commencements moins humbles, et nous avons le droit de former de vastes espérances, quand nous voyons naître et grandir de telles œuvres, fondées sans l'appui des gouvernements, malgré une opinion publique indifférente ou hostile, soutenues seulement par l'énergie de quelques hommes dévoués (1).

A côté de la Conférence interparlementaire, du Bureau international de la Paix et des Congrès de la Paix, il faut mentionner l'Institut de droit international.

L'*Institut de droit international* est composé de jurisconsultes, de philosophes, d'économistes, qui, sans être officiellement désignés par les gouvernements, se réunissent tous les ans pour discuter les questions afférentes au droit international. La devise de l'Institut de droit international est la plus belle que puissent choisir les hommes : *Justitiâ et pace*, par la paix et par la justice. Dans les réunions de ces savants, tous dévoués à la même cause, c'est-à-dire à l'union des frères humains par le droit, on discute ce qui a rapport aux relations juridiques des nations entre elles. Non seulement les questions abstraites sont traitées, mais encore des vues pratiques sont échangées,

(1) L'œuvre du Bureau international de la Paix est très importante, et cependant en cinq ans, pour cette grande œuvre, il n'a été donné par les particuliers, ou par les Sociétés pacifiques (lesquelles sont toutes extrêmement pauvres), que la somme minuscule de 35.000 francs. C'est à peu près ce qu'on eût dépensé en tirant 70 coups de canon.

des résolutions immédiatement applicables sont adoptées pour aboutir à une entente. Comme le disait à Copenhague le président de la session de 1897, M. Goos, les travaux de l'Institut international doivent assurer la paix et diminuer les malheurs de la guerre.

Il est certain que le droit international est à fonder. Il faut établir des règles précises. Les relations des citoyens d'une même patrie sont, dans chaque pays, fixées par des lois précises qu'il n'est pas permis de transgresser. Pourquoi n'en serait-il pas de même pour les relations internationales ?

Le grand effort de notre admirable XIXe siècle semble avoir été surtout de permettre aux hommes de se rapprocher davantage. Les chemins de fer, les télégraphes, le commerce, l'industrie, ont créé, entre les divers individus des nations civilisées, une union matérielle, mille fois plus étroite qu'aux siècles précédents. Les diverses nations, unies par des liens de toutes sortes, sont devenues comme un être unique dont toutes les parties sont conscientes et sensibles. A cet organisme, aussi réel que celui d'une nation isolée, il y a des organes qui déjà commencent à fonctionner régulièrement : une alliance postale universelle, une alliance télégraphique, des traités de commerce, des conventions postales maritimes et douanières, des unifications pour les poids, les mesures et les monnaies, des expositions universelles internationales, des conventions artistiques et littéraires, des mesures sanitaires pour la protection contre les maladies, pour les secours aux blessés, toutes institutions qui, à certains égards, ne sont encore que rudimentaires, mais qui se développent rapidement. L'Institut de droit international est un des plus essentiels rouages de cette union entre les hommes; car il ne vise à rien moins qu'à créer entre les peuples divers, jusque-là stupidement isolés dans leurs jalouses frontières, quelque chose comme un état juridique, légal, conforme au droit naturel.

On ne peut se défendre d'un amer regret, en voyant que la civilisation, qui, grâce à l'œuvre des savants, des ingénieurs, des industriels, semblait réunir et grouper les hommes, les a laissés, au point de vue moral, encore plus divisés que par le passé. Tout ce progrès matériel, dont nous sommes si fiers, n'est encore qu'à la surface. A mesure que la science rapproche les distances et joint les individus épars en un faisceau de plus en plus homogène, des rivalités surgissent : l'esprit sectaire prend le dessus sur l'esprit d'union. On se sert du télégraphe pour faire connaître plus vite et plus loin des imprécations, des invectives et des mensonges contre les nations voisines. On emploie les chemins de fer pour mobiliser plus facilement les troupes. Le contraste est saisissant entre les progrès de la science qui unifie et de la haine qui divise.

Comme si l'étranger était un ennemi ! Comme s'il n'avait pas les mêmes droits que nous ! Comme si, parce qu'il est né à quelques kilomètres de notre frontière, il n'était pas de la même race que nous, ayant droit aux mêmes égards, à la même courtoisie, je dirais presque au même amour ! Comme si cette division par frontières n'était pas factice, arbitraire et changeante. Comme si le fait de payer ses contributions à Bruxelles ou à Genève, voire même à Berlin ou à Rome, au lieu de les payer à Lille et à Lyon, devait mettre un abîme entre les hommes !

Les Conférences et Congrès pour la Paix et l'Institut de droit international ont pour mission de rappeler aux hommes que l'idée de justice doit primer tout, et que l'étranger, tout comme le concitoyen, a droit sans réserve et sans réticence à notre justice, à notre justice pleine et entière. C'est mal servir sa patrie, c'est être un mauvais citoyen que de ne pas considérer qu'il y a un devoir urgent et imprescriptible, c'est de respecter le droit des autres hommes, qu'ils soient de la même patrie ou d'une patrie différente.

VIII

LE TZAR ET LE PAPE

Au commencement de 1898 deux événements importants ont donné aux idées de paix et de guerre une direction toute différente.

Ce fut d'abord la guerre hispano-américaine. Elle navra tous les amis de la Paix. Tous nous fûmes consternés quand nous vîmes le noble peuple des États-Unis, jusque-là épris de droit et de justice, et dont le gouvernement, à maintes reprises, avait manifesté sa préférence pour les solutions juridiques et pacifiques des différends internationaux, entreprendre une guerre manifestement inique, et nous étions tous prêts à désespérer, quand un événement inattendu vint ranimer notre courage.

L'empereur de Russie s'est rangé résolument parmi les partisans de la paix. Le 1er août 1898, le comte Mourawieff, ministre des Affaires étrangères de l'Empire russe, a remis, par l'ordre de l'Empereur, à tous les représentants étrangers accrédités à Pétersbourg, la circulaire suivante. Nous la donnons ici textuellement.

« Le maintien de la paix générale et une réduction possible des armements excessifs qui pèsent sur toutes les nations, se présentent, dans la situation actuelle du monde entier, comme l'idéal auquel devraient tendre les efforts de tous les gouvernements.

« Les vues humanitaires et magnanimes de Sa Majesté l'Empereur, mon auguste maître, y sont entièrement acquises, dans la conviction que ce but élevé répond aux intérêts les plus essentiels et aux vœux légitimes de toutes les puissances ; le gouvernement impérial croit que le moment présent serait très favorable à la recherche, dans la voie de la discussion internationale, des moyens les plus efficaces à assurer à tous les peuples les bienfaits d'une paix réelle et durable et à mettre avant tout un terme au développement progressif des armements actuels.

« Au cours des vingt dernières années, les aspirations à un apaisement général se sont particulièrement affirmées dans la conscience des nations civilisées. La conservation de la paix a été posée comme le but de la politique internationale. C'est en son nom que les grands États ont conclu entre eux de puissantes alliances; c'est pour mieux garantir la paix qu'ils ont développé, dans des proportions inconnues jusqu'ici, leurs forces militaires et continuent encore à les accroître sans reculer devant aucun sacrifice.

« Tous ces efforts pourtant n'ont pu aboutir encore aux résultats bienfaisants de la pacification souhaitée. Les charges financières, suivant une marche ascendante, atteignent la prospérité publique dans sa source. Les forces intellectuelles et physiques des peuples, le travail et le capital sont en majeure partie détournés de leur application naturelle et consommés improductivement.

Des centaines de millions sont employés à acquérir des engins de destruction effroyables, qui, considérés aujourd'hui comme le dernier mot de la science, sont destinés demain à perdre toute valeur à la suite de quelque nouvelle découverte dans ce domaine. La culture nationale, le progrès économique et la production des richesses se trouvent paralysés ou faussés dans leur développement. Aussi, à mesure qu'ils s'accroissent, les armements de chaque puissance répondent-ils de moins en moins au but que les gouvernements s'étaient proposé.

« Les crises économiques, dues en grande partie au régime des armements à outrance et du danger continuel qui gît dans cet amoncellement du matériel de guerre, transforment la paix armée de nos jours en fardeau écrasant que les peuples ont de plus en plus de peine à porter. Il paraît évident dès lors que, si cette situation se prolongeait, elle conduirait fatalement à ce cataclysme même qu'on tient à écarter et dont les horreurs font frémir à l'avance toute pensée humaine. Mettre un terme à ces armements incessants et rechercher les moyens de prévenir des calamités qui menacent le monde entier, tel est le devoir suprême qui s'impose aujourd'hui à tous les États.

« Pénétrée de ce sentiment, Sa Majesté a daigné m'ordonner de proposer à tous les gouvernements dont les représentants sont accrédités près la cour impériale la réunion d'une conférence qui aurait à s'occuper de ce grave problème.

« Cette conférence serait, Dieu aidant, d'un heureux présage pour le siècle qui va s'ouvrir; elle rassemblerait dans un puissant faisceau les efforts de tous les États qui cherchent sincèrement à faire triompher la grande conception de la paix universelle sur les éléments de trouble et de discorde.

« Elle cimenterait en même temps leurs accords par une consécration solidaire des principes d'équité et de droit sur lesquels reposent la sécurité des États et le bien-être des peuples » (1).

Ainsi nous assistons à ce fait extraordinaire. Le plus puissant monarque du monde, l'empereur qui tient sous sa domination absolue cent vingt millions d'hommes, reconnaît que la guerre

(1) Dans une seconde circulaire, le Tzar a indiqué, comme un des moyens d'améliorer dans le sens pacifique la destinée des peuples, l'interdiction des armes nouvelles et des explosifs nouveaux.

Mais, autant qu'il peut être permis à un obscur ami de la paix d'émettre une opinion à cet égard, il ne paraît pas que l'emploi d'armes nouvelles, de plus en plus meurtrières, soit funeste à notre sainte cause. Bien au contraire, plus la guerre est sanglante, plus elle devient rare. Si, par bonheur, on pouvait inventer un explosif capable de détruire, à vingt kilomètres, une ville tout entière, ou d'anéantir une armée, on aurait rendu, par son horreur même, toute guerre impossible.

C'est peut-être parce qu'on espérait toujours trouver demain un canon plus rapide, un fusil plus meurtrier, une poudre plus destructive, qu'on n'a pas, depuis vingt-cinq ans, osé entreprendre de grandes guerres. Il n'y a donc pas de paradoxe à prétendre que l'attente d'un armement meilleur a été singulièrement favorable au maintien de la paix.

En somme, tous les engins nouveaux qu'on va créer ne peuvent être que salutaires à notre cause. Ils rendront la guerre si terrible que les plus téméraires n'oseront plus se risquer à ce jeu épouvantable.

est un fléau, et que la paix armée est un *fardeau écrasant pour les peuples*. Il déclare qu'il faut faire triompher la *grande conception de la paix universelle*. Il répète les discours que les philosophes, les penseurs, les savants, les poètes ont depuis deux siècles prononcés dans le désert, et sa parole souveraine se met d'accord avec nos chimères.

Hélas ! il a compté sans la routine, les préjugés, les rancunes des faux patriotes, sans la sottise aveugle et méchante des journalistes. Au lieu d'accepter sans réserves le principe du désarmement et de la paix, les journaux d'Allemagne, de France et d'Angleterre ont critiqué, raillé, démoli cet admirable projet de conférence pacifique. Ils en ont, par leurs réticences et leurs tergiversations, affaibli d'avance toute la portée. Ces faux démocrates, ces fantômes de libéraux, n'ont pas osé suivre la voie de liberté et de démocratie que le tzar leur indiquait. Ils n'ont pas eu le courage de rompre avec les plus néfastes traditions de la barbarie d'autrefois. Les journalistes ont craint de perdre leur clientèle de lecteurs ; et, pour ne pas diminuer leur tirage, ils encouragent les haines d'une foule ignorante, qui va tout droit à ceux qui crient le plus fort et qui marche à la remorque de quelques aventuriers.

D'ailleurs, il faut le dire, le désarmement, même partiel, n'est peut-être pas la meilleure solution du problème. Avant de songer à désarmer, il faut que la sécurité internationale soit sauvegardée ; or elle ne peut l'être que par l'arbitrage, soit qu'une cour générale d'arbitrage ait été instituée, soit qu'il ait été conclu entre les différentes nations des traités spéciaux d'arbitrage.

Mais peu importe après tout. La parole du Tzar a été entendue ; elle sera commentée, discutée. Le militarisme et la guerre ont reçu, ce jour-là, un coup mortel. Ce que nos prédications n'avaient pu faire, le tzar l'a réalisé d'un seul mot. Il a forcé les peuples à songer au crime de la guerre, au désastre toujours renaissant et toujours grandissant de la paix armée.

La conférence qui va se réunir, au lieu d'organiser un désarmement presque impossible, pourrait préparer les voies à des traités d'arbitrage.

Au fond nous voulons à la fois le désarmement et l'arbitrage ; mais l'arbitrage doit précéder, et il ne peut y avoir de désarmement que si les lois de l'arbitrage ont été bien établies.

Certains gouvernements sont déjà tout préparés à cette admirable réforme. Récemment le président de la République Argentine, en réponse à une lettre de l'Assemblée des Sociétés de la Paix, à Turin, écrivait les lignes suivantes : « Les dispositions pacifiques de mon pays doivent être connues du monde entier. Le traité signé avec l'Italie en est la preuve la plus éloquente. L'arbitrage est considéré dans la République Argentine comme la solution la plus équitable et pratique de tous les différends internationaux, et, dans ce sens, mon gouvernement sera toujours d'accord avec les idées émises par le savant et digne Congrès de l'Assemblée des Sociétés de la Paix de Turin. »

Ainsi le président de la République Argentine, le roi d'Italie, l'empereur de Russie, reconnaissent ces trois principes essentiels : la nécessité de la paix, la monstruosité de la guerre, et l'efficacité de l'arbitrage pour remplacer la guerre par la paix.

Mais nous avons avec nous une autorité plus haute encore : c'est celle du pape Léon XIII.

Le cardinal Rampolla, grand chancelier du Souverain Pontife, s'exprimait ainsi à propos de l'arbitrage, en répondant au général Turr, président du VIIe Congrès de la Paix (1896), à Budapest:

« L'hommage rendu au Saint-Père par le VIIe Congrès universel de la Paix, tenu récemment à Budapest, Lui a été extrêmement agréable, parce que, dans cet acte de déférence, Il a pu aisément reconnaître un témoignage public de respect rendu au haut ministère de la paix dont est revêtu le Chef de l'Eglise. Et en effet, le travail le plus noble du Souverain Pontife, qui a voué en tout temps son autorité et son influence à la civilisation et à la concorde entre les peuples, a été de faire régner dans le monde la justice et la paix, et d'unir toutes les nations, comme en une seule famille, par les liens de la fraternité chrétienne. Le Pontife qui gouverne aujourd'hui l'Eglise a, lui aussi, dirigé son esprit et son cœur vers cette œuvre éminemment chrétienne et bienfaisante, et il ne cessera pas d'y consacrer à l'avenir sa sollicitude et ses veilles. Il sera confirmé dans cette intention par la conviction, qui pénètre de plus en plus la conscience des hommes, que l'accomplissement de tous les devoirs et le respect de tous les droits sont les bases sur lesquelles reposent les relations civiles, qu'à la loi de la force succédera celle de la raison, et qu'une ère nouvelle de véritable civilisation rendra plus facile à la famille humaine l'accomplissement de ses destinées suprêmes. »

Voilà de nobles paroles, et vraiment chrétiennes ; car il n'est pas besoin d'être profondément versé dans la lecture de l'Evangile pour comprendre que l'amour de la paix est rigoureusement conforme à l'idée du Christ.

La fraternité entre les hommes, quelles que soient leur fortune, leur éducation, leur race, la couleur de leur peau, c'est un des grands principes chrétiens. Il est à regretter que les catholiques français ne l'aient pas encore compris.

Guidés par des prêtres plus soucieux de popularité que de christianisme, tels que le père Didon, par exemple, ils se sont imaginé que le militarisme et le christianisme devaient aller la main dans la main. De même que Napoléon inspirait au clergé un catéchisme impérial, dans lequel, parmi les commandements de Dieu, se trouvaient insérées l'obéissance à l'Empereur et la fidélité au recrutement, de même les prêtres français d'aujourd'hui recommandent la haine contre les peuples qui nous entourent, Allemands, Anglais ou Italiens, et prêchent des croisades patriotiques. Volontiers ils taxeraient d'hérétique la généreuse pensée du Souverain Pontife qui condamne la guerre et recommande la justice internationale plutôt que la violence.

Tous les catholiques, tous les chrétiens fervents,

devraient être avec nous. C'est une monstruosité que de les voir tenir en suspicion les sociétés pacifiques, dédaigner le principe de l'arbitrage, faire chorus avec les *chauvins* et les *jingoes*, railler nos espérances de fraternité, encourager les vocations militaires, et déchaîner, dans leurs jour-

Le Pape Léon XIII.

naux et leurs sermons, l'esprit de haine et d'iniquité.

Pourtant nous avons confiance. Quand le menu peuple, le peuple des petits soldats, sera enfin éclairé par nous, les prêtres catholiques français suivront, et tout porte à croire qu'ils chercheront à prendre la direction du grand mouvement qui, dans un avenir très prochain peut-être, forcera les hommes à vivre unis sous les règles souveraines d'un droit pacifique, indiscuté.

Ce jour-là, s'il n'est pas trop tard pour qu'ils aient perdu toute influence, ils rediront peut-être le mot d'un apôtre, celui-là même que Jésus aimait, et qui résumait en un mot toute la doctrine de l'Évangile : « Mes petits enfants, aimez-vous les uns les autres. »

IX

CE QUE DOIVENT FAIRE LES ENNEMIS DE LA GUERRE. — LES GRANDS PACIFIQUES.

Les ennemis de la guerre, c'est-à-dire ceux qui prennent en pitié notre misérable état social, ceux qui ne trouvent aucune joie à des massacres d'innocents, ceux qui ont quelque commisération envers nos pauvres enfants qu'on traîne à la boucherie pour mourir, ou à la caserne pour pourrir, tous ceux-là doivent lutter pour combattre le grand mal.

Mais une réforme, quelque urgente qu'elle soit, quelque simple qu'elle paraisse, ne se fait pas toute seule. Le passé jette de profondes racines dans la vie sociale, et ce n'est pas sans livrer de terribles batailles qu'on renversera les vieilles idoles. Si donc on se contente de regarder et d'attendre, les vieilles idoles continueront à trôner sur leurs socles démodés. Par conséquent, nous devons tous, nous les amis de la paix, employer notre énergie et notre volonté à faire triompher notre opinion. Certes il est commode de se reposer (sans avoir d'ailleurs rien fait) et de laisser marcher les choses sans intervenir... Mais les choses ne marcheront que si nous y aidons, et à tout citoyen profondément convaincu, il n'est pas permis de demeurer inactif et indifférent.

Assurément, par l'évolution fatale vers le progrès des destinées humaines, la guerre disparaîtra. Cela n'est pas douteux une minute. Mais ce n'est pas peu de chose que d'avancer le moment de cette libération. Nous pouvons, si nous le voulons bien, hâter la fin des guerres, et, ce faisant, nous aurons évité, pour un demi-siècle, pour un ou deux siècles peut-être, de sanglants et stériles massacres. Cela ne vaut-il pas la peine de montrer quelque activité ?

Quels trésors de dévouement, d'abnégation, de sacrifices toujours nouveaux ne fait pas une mère pour sauver la vie de son enfant ? Un médecin, à force de talent, de science, de persévérance, peut, dans une très longue carrière, retarder la mort de cinquante, de cent individus, tout au plus. Oui, c'est déjà beaucoup s'il peut sans vanité, sur la fin de sa vie, se rendre à lui-même ce témoignage qu'il a défendu la vie de cent personnes. Mais qu'est-ce que cent personnes à côté des massacres d'une guerre ?

Tout ce qui touche à la vie des hommes, quand il s'agit d'autre chose que la guerre, nous émeut profondément ; mais de la guerre elle-même et de ses crimes nous ne prenons aucun souci. Pourquoi cette étrange indifférence quand il s'agit de sauver les trois cent mille braves que vont anéantir les balles, les obus, les typhus et les choléras d'une guerre ? Sont-ils rationnels, à côté des crimes d'un conquérant, ces soins vigilants que prend la charité des bonnes femmes pour faire vivre de pauvres tuberculeux quelques semaines de plus ?

On donne des centaines de mille francs pour le

pansement des blessés qu'a faits une bataille. C'est généreux, mais c'est absurde. Il vaudrait mieux ne pas faire de blessés. Si l'on me demandait ce que je préfère : recevoir des soins empressés, en une ambulance bien disposée, avec des infirmiers excellents et d'habiles chirurgiens, ou bien me priver d'ambulance, de chirurgiens et d'infirmiers, mais n'avoir pas une balle dans le ventre, j'aimerais beaucoup mieux cette seconde situation; car une balle dans le ventre ne compense pas toute une escouade d'ambulanciers.

On a construit des asiles pour les aveugles, d'autres pour les sourds-muets. On a établi à grands frais des hospices pour les scrofuleux, les idiots, les aliénés, les vieillards. C'est fort bien; mais il y a quelque chose de plus urgent, c'est d'éviter la grande guerre qui nous menace. Si ce désastre venait à éclater, toutes les guerres anciennes ne seraient que jeux d'enfants au prix de celle-là ; et il y aurait vingt fois plus de cadavres de jeunes gens vaillants et braves qu'il n'y a eu, depuis cent ans, d'aveugles, de sourds-muets, d'idiots et de paralytiques.

On a écrit contre la peine de mort des plaidoyers passionnés. J'avoue que je suis à cette question prodigieusement indifférent. Voici un misérable, plus ou moins aliéné, qui a commis un meurtre. La société le conduit à l'échafaud ou au gibet. J'ai beau faire, son sort m'intéresse fort peu. Il y a par an quatre ou cinq victimes de son espèce en France; mettons que, dans toute l'Europe, il y en ait cent. Cela fait dix mille dans le cours de ce siècle. Comparez ces exécutions à celles de la guerre. A Gravelotte, avant dix heures du matin, il y avait déjà vingt mille hommes couchés dans les champs! Ces vingt mille courageux et nobles enfants assassinés en quelques heures m'intéressent plus que les dix mille gredins sacrifiés en un siècle à la sécurité publique.

La vraie peine de mort, c'est la guerre.

Les vraies réformes sociales, ce ne sont pas les hôpitaux, les asiles, les hospices, les sociétés de secours aux blessés, c'est l'abolition de la guerre.

Voilà pourquoi nous devons lutter. Mais lutter comment? Comment renverser l'idole?

D'abord, et avant tout, par l'éducation de nos enfants. Il faut les élever dans l'amour de la justice. Si l'Eglise catholique était réellement fidèle à l'esprit évangélique, nous n'aurions pas de plus précieux auxiliaire; mais une tendance militariste s'est introduite, au moins en France, dans le clergé, quoique le pape Léon XIII, qui, à diverses reprises, a donné des preuves de sa perspicacité et de sa générosité, soit loin d'encourager de pareilles tendances, si bien que beaucoup de prêtres catholiques français le trouveront terriblement arriéré.

Les pasteurs protestants, surtout en Angleterre, sont parfois aussi fanatiquement belliqueux. Récemment on citait dans le journal *Concord* les extravagantes homélies de hauts évêques anglais qui prêchaient des croisades contre l'ennemi national, c'est-à-dire les Français, et qui exaltaient l'esprit de conquête. Il convient d'ajouter que ces fureurs sont exceptionnelles; même certains pasteurs protestants ont pris une mesure qu'on ne saurait trop approuver. Ils ont institué un *Peace Sunday*, c'est-à-dire qu'à un certain dimanche de l'année ils prêchent la paix et la fraternité entre les hommes.

D'ailleurs, à défaut des prêtres, protestants ou catholiques, il faut compter avant toutes choses sur nous-mêmes.

L'instituteur pourrait faire beaucoup. De lui dépendent en une large mesure les sentiments de la nouvelle génération. Mais que pense-t-il, et que peut-il penser? N'est-il pas, lui aussi, empoisonné par ces journaux à immense tirage et à peu d'idées, qui se répandent partout, prêchant sinon la guerre, au moins l'aversion et la haine contre tous nos voisins, Italiens, Anglais, Allemands?

Quoique cela paraisse bien invraisemblable, il y a encore pis que les journaux : il y a les livres d'histoire de l'école primaire. Ceux qui sont mis à la portée des enfants sont conçus dans un esprit néfaste. Ils sont patriotiques à rebours; car ils font consister l'amour de la patrie dans le mépris des autres patries. Tout ce qui s'est accompli en rapines, scélératesses, brigandages, dès qu'il est question du pays auquel appartient l'historien, est raconté avec complaisance, sans un mot de blâme. Quand il s'agit de juger les actes les plus criminels des rois et des empereurs, ces petits livres se pâment d'enthousiasme; et, dans l'histoire de France, l'admiration commence à cet infâme Jules César, dont l'odieuse conquête de la Gaule est célébrée comme une œuvre sainte.

Dans les écoles primaires d'Allemagne et d'Angleterre, c'est le même esprit de haine qui s'étale cyniquement, impudemment, au grand jour.

La conséquence de ce néfaste enseignement de l'histoire est bien cruelle, c'est qu'il devient à l'enfant impossible de distinguer les guerres défensives, de libération, et les guerres agressives, de conquête. On met sur le même pied des batailles comme Valmy, qui consacre l'indépendance nationale, et Wagram, qui permet à Napoléon d'épouser la fille d'un empereur; Granson, où les Suisses défendent leur liberté contre un aventurier barbare, et Fontenoy, qui favorise les intrigues obscures d'une cour dissolue.

Il semble, à lire les ouvrages élémentaires d'histoire, que le rôle le plus noble de l'homme est d'être à la tête d'une armée qui répand sur ses pas l'incendie, le pillage et la mort. Tous les conquérants, surtout s'ils sont Français, sont portés aux nues, et c'est à peine s'il est parlé en quelques lignes, et comme à regret, des véritables bienfaiteurs, des savants, des inventeurs, des penseurs, des artistes, qui ont enrichi le patrimoine de l'humanité, au lieu de piller et de tuer.

Cette insuffisance des premiers livres d'histoire, de ces livres qui exercent une influence dominatrice sur l'esprit des enfants, est si déplorable que la Société française d'arbitrage a cru devoir proposer un prix de mille francs à l'auteur du meilleur livre élémentaire d'histoire de France, conçu dans cet esprit de patriotisme vrai et de justice. Ce prix sera décerné en 1900. Espérons qu'il se trouvera quelque jeune écrivain de talent et de cœur pour le mériter.

Nous voudrions que tous les instituteurs eussent sous les yeux le tableau des misères de la guerre, des charges écrasantes que le militarisme impose à tous les peuples. Ce ne sont pas des théories, mais des faits éclatants, que l'enfant comprendrait si bien et si vite qu'il ne serait pas besoin, pour l'y initier, de plus longs discours.

Nous avons encore d'autres moyens d'action, les livres, les journaux, les conférences, les conversations, et ces formes diverses du prosélytisme sont toutes excellentes.

Le journal est le moyen le plus actif peut-être ; mais les journalistes d'à présent ont de tout autres idées. Ils craignent, en disant qu'il faut détester la guerre, de faire baisser le tirage de leur journal.

Aussi toutes les nouvelles, vraies ou fausses, qui peuvent encourager à la guerre ou à la haine sont-elles reçues avec reconnaissance, tandis que les articles pacifiques sont difficilement accueillis. Il est vrai que les paroles de conciliation et de paix sont moins amusantes à entendre que les sarcasmes, les injures, les outrages ; peut-être aussi aurait-on quelque droit de reprocher aux pacifiques un langage très modéré, qui par conséquent ne se conforme que médiocrement au goût du jour.

Pourtant la presse pacifique tend à se réveiller et à sortir de son inaction. En effet il s'est formé en France, et aussi, croyons-nous, en Angleterre, une association des journalistes amis de la paix. Espérons qu'en groupant leurs efforts ils arriveront à secouer l'inertie de la foule.

Si chacun n'est pas journaliste, au moins chacun est-il électeur et citoyen. Or nous avons par notre vote un moyen d'influence qu'il ne faut pas dédaigner. S'il est vrai que nous considérions la paix comme le plus urgent besoin des sociétés modernes, pourquoi ne pas le déclarer aux candidats à la députation? Pourquoi ne ferions-nous pas de cette question de l'arbitrage international la base de nos revendications électorales? Nous pourrions citer, lors des dernières élections, telle circonscription où l'influence de un ou deux électeurs a suffi pour faire inscrire sur le programme des divers candidats l'arbitrage international.

Un moyen bien efficace pour faire comprendre et adopter l'arbitrage entre nations, c'est de le comparer à l'arbitrage juridique, tel qu'il se pratique entre les particuliers. Déjà, entre ouvriers et patrons, ce mode de juridiction est fréquemment adopté. Il est expéditif, rationnel, économique, et chaque jour il tend à être plus répandu. Nous devons le favoriser de tout notre pouvoir.

Mais, de tous les moyens de propagande, le plus actif assurément, c'est l'affiliation aux Sociétés de la paix. Elles ne sont, hélas! pas très nombreuses; elles ne sont pas très riches. Avouons-le même : elles sont très pauvres. Pour qu'elles puissent prospérer et par conséquent prendre quelque autorité, il faut qu'elles obtiennent des adhésions nombreuses!

Il faut qu'elles aient de l'argent!

Supposons une grande guerre qui va ruiner des milliers d'individus: ces malheureux, qui n'ont rien fait pour éviter la guerre, n'auraient-ils pas été mieux inspirés, en apportant quelques minces subsides aux Sociétés de la paix, lesquelles, par leurs journaux, leurs revues, leurs conférences, peuvent, bien mieux que des particuliers isolés, exercer une action puissante et salutaire ?

La *Société d'arbitrage entre nations*, la *Société des Amis de la Paix*, le *Bureau français de la Paix*, sont des Sociétés parisiennes ; il en existe encore quelques-unes en province, au Havre, à Guise, à Nîmes, à Nice, mais trop peu, hélas ! Et nous ne voulons pas en faire le compte : car ce serait lamentable !

Comment ne se trouve-t-il pas dans les grandes villes de France, à Lyon, à Marseille, à Bordeaux, à Lille, une douzaine d'hommes généreux et dévoués qui prennent en main la cause de nos pauvres enfants, victimes probables ou possibles du Moloch de la guerre ? Comment, à Paris, n'avons-nous pas des milliers d'adhérents ? Ainsi que le disait l'autre jour l'un d'entre nous, dans une conférence faite à une mairie de Paris, en une grande salle qui était presque vide : « Si tous ceux dont je viens prendre la défense étaient ici, il n'y aurait pas dans la ville de Paris de salle assez grande pour les contenir. »

Ce qui devrait caractériser l'esprit vraiment moderne, c'est cette notion bien nette qu'il ne faut attendre de secours que de soi-même. Un vieux proverbe dit : « *Aide-toi, le Ciel t'aidera !* » Ce n'est pas tout à fait exact, et je dirais volontiers : « *Aide-toi toi-même ! car le Ciel ne t'aidera pas !* Ne compte que sur toi. Si tu veux que tes enfants ne soient pas égorgés stupidement sur un champ de bataille, si tu ne veux pas payer de lourds impôts inutiles, si tu veux garder tes fils dans ton champ ou dans ton atelier, n'attends pas l'imaginaire appui de quelque puissance inconnue; ne te contente pas de te lamenter : protège-toi toi-même, et va à ceux qui pourront t'aider. Les Sociétés d'arbitrage sont là, qui réuniront les efforts dispersés. Va à elles, et elles sauront te défendre (1) ».

Les femmes pourraient et devraient exercer leur influence pour répandre les idées pacifiques. Il est vrai que beaucoup d'entre elles, prises, à cause des séductions de l'uniforme sans doute, d'une étrange passion pour le militarisme, s'efforcent de développer chez leurs enfants des idées belliqueuses. Elles leur persuadent volontiers que l'étranger est l'ennemi. Elles les élèvent

(1) Au 1er mars 1893, les Sociétés de la Paix étaient au nombre de 80, ainsi réparties :

Allemagne	4	69 groupes
Autriche	9	
Belgique	1	
Danemark	1	93 groupes
France	16	
Grande-Bretagne	12	
Hongrie	2	
Italie	13	
Pays-Bas	1	8 groupes
Portugal	1	
Russie	1	
Suède	1	78 groupes
Suisse	4	23 groupes
Amérique	14	

dans cette idée que l'amour de la patrie, c'est le métier militaire. Pour elles, les grands tueurs

La Chair à canon, de Wiertz, Bruxelles. (Cliché Hermans, Anvers).
Dans vingt ans, quand ils seront des hommes, ce canon les couchera dans les blés, et leur sang engraissera la terre.

sont les vrais patriotes. Plus il y a eu de sang versé, plus l'homme est grand On rencontre souvent, dans la bourgeoisie au moins, des femmes pénétrées de ces superstitions étranges. Il faut excuser ce plat cabotinage. Elles ignorent que les femmes prussiennes, italiennes ou anglaises ont, comme elles, des maris, des pères ou des fils, tout aussi dignes d'amour.

On peut comprendre, à la rigueur, qu'un officier, voire même un soldat, s'éprenne des côtés chevaleresques de la guerre; par exemple, de l'amour des aventures et du mépris du danger. Mais quelles excuses peut-on trouver pour une femme, qui ne risque rien, et qui envoie sans vergogne ceux qu'elle prétend aimer se battre pour une cause ridicule, cause que, dans sa futile cervelle, elle serait incapable de discuter ou de comprendre?

On doit d'ailleurs leur rendre cette justice que la notion qu'elles ont des devoirs militaires et de l'armée ne s'élève guère au-dessus de l'appréciation d'un dolman, d'un colback ou d'une sabretache.

Heureusement, quelques femmes éclairées et généreuses ont eu le courage de résister à la folie universelle. Elles ont formé des sociétés pacifiques, et des milliers d'adhésions ont déjà été recueillies.

Et puis ce n'est pas sur les femmes de la bourgeoisie qu'il faut compter. Nous l'avons dit déjà, et nous le redisons encore. Ce n'est pas de là que nous viendra le salut. Ce sont les femmes du peuple, les femmes des paysans qui viendront, à nous Ah! celles-là, nous n'aurions pas de peine à les convaincre, si les pages que nous écrivons ici venaient à traverser tous les obstacles que dix siècles de superstition mettent entre elles et nous, et pouvaient tomber sous leurs yeux!

Mais ce que les mères ne consentiront peut-être pas à faire, les professeurs doivent l'entreprendre. Dans l'enseignement secondaire et dans l'enseignement supérieur, ils sont nombreux, ceux qui pensent comme nous. Pourquoi n'auraient-ils pas la petite audace d'exprimer tout haut leur opinion et d'essayer de la faire partager à leurs élèves? L'influence d'une parole dite par le maître est parfois singulièrement efficace. Une graine lancée au hasard rencontre une terre propice où elle peut germer. Qui sait ce que pourront déterminer dans l'âme malléable d'un enfant un mot d'indignation ou un sarcasme contre les cruautés de la guerre?

Il faudrait aussi tâcher de mieux faire connaître aux jeunes gens les peuples voisins. Le plus souvent, si nous les prenons en haine, c'est parce que nous les ignorons. Si je pouvais donner mon propre exemple, je dirais que, comme tout autre, j'avais des préjugés, dès mon enfance, contre les Anglais, les Allemands, les Italiens, les Russes; puis, à mesure que j'avançais en âge et que je faisais la connaissance des uns et des autres, je m'apercevais que mes préjugés étaient stupides, que toutes les opinions hostiles, dans lesquelles j'avais vécu, contre ces Italiens, ces Anglais, ces Allemands, ces Russes, étaient des balivernes, de vrais contes de nourrices. J'ai vécu en Angleterre, en Italie, en Allemagne, en Russie, et je puis certifier qu'il y a dans ces pays des hommes qui ont les mêmes sentiments que nous de la franchise, de la justice et de l'honneur.

Si seulement nos enfants pouvaient aller, à l'âge de quatorze, quinze ou seize ans, vivre quelques mois à l'étranger, ils quitteraient très vite les préjugés absurdes qu'on leur inocule dans leur enfance. Il n'y a pas là de grande difficulté. On trouverait sans peine une famille honorable, anglaise, allemande ou italienne, dans laquelle on pourrait pendant six mois envoyer son jeune fils; et la dépense serait nulle, si on consentait, en échange, à prendre chez soi le jeune homme du même âge, de la famille étrangère. Ces échanges d'enfants sont d'une très grande simplicité, et ils ont d'immenses avantages.

D'abord l'enfant apprendra sans effort une langue étrangère; et c'est peut-être même seulement ainsi qu'il pourra l'apprendre. Il se dissipera ainsi bien des erreurs dues seulement à l'ignorance, et nous, Français, nous en profiterons à notre tour, puisque, en nous connaissant, on cessera de nous mépriser et de nous haïr. La méconnaissance des nations voisines est tout simplement ridicule; et, à vivre à l'étranger, on s'apercevra bien vite qu'il y a de braves gens partout, et partout en majorité; que nous n'avons le privilège ni de l'honneur, ni de la vertu, ni du courage, ni du bon sens, mais que nous en avons autant que les peuples voisins. Dans cette famille amie, l'enfant étranger retrouvera une famille aussi honorable, aussi loyale que la sienne, et il saura bien vite que les différences de langage et de mœurs ne constituent pas une barrière infranchissable entre des hommes, également hommes, faits pour se comprendre et pour s'aimer, au lieu de s'ignorer et de se détester.

Il n'est pas, à mon sens, de préjugé plus absurde que celui du mépris dans lequel on tient les étrangers. Or, pour combattre cette exécrable erreur, rien ne vaut la vie familiale à l'étranger. Des amitiés précieuses se noueront pour l'avenir, et on aura réalisé ce qui est le plus sûr gage de la paix, c'est-à-dire, dans les jeunes générations, le respect des nationalités voisines, et un peu plus même que le respect, l'amour.

On célèbre les grands conquérants, mais pourquoi ne pas raconter la vie et les nobles efforts de ceux qui se sont voués à la cause de la paix ? Les hauts faits d'Alexandre, d'Annibal, de Marius, de Jules César, d'Attila, de Frédéric II, de Gustave-Adolphe, de Charles XII, de Napoléon, fournissent ample matière aux historiens et même aux moralistes. Que ne parlent-ils de ceux qui, au lieu de commander des massacres d'hommes, les ont flétris et détestés ?

A vrai dire, ce serait l'histoire de la pensée humaine tout entière ; car les philosophes, quels qu'ils soient, ont toujours conçu la guerre comme un mal : Cicéron, Sénèque et l'empereur Marc-Aurèle lui-même l'avaient condamnée comme inique et absurde. Les penseurs, depuis Pascal et Leibniz jusqu'à Kant, Tolstoï et le père Gra-

EXPLICATION DE LA PLANCHE

Les grands pacifiques. — *Per arbitros ad pacem*, de M. Danger.

Orbi tradiderunt æternæ fœdera pacis.

On voit sur le premier plan, au milieu, le tzar Alexandre III et M. Carnot, qui ont posé les bases de l'alliance franco-russe, alliance de paix et d'espérance. A côté du tzar se trouvent M. de Martens et le comte Orloff. Un peu en arrière, le roi des Belges, plusieurs fois choisi comme arbitre.

Dans le groupe de droite, debout, derrière M. Carnot, Ch. Renouard, procureur général à la Cour de Cassation, et, assis à côté de M. Carnot, Frédéric Passy, Jules Simon, Ch. Lemonnier.

A côté d'eux, et derrière eux, les Italiens, les Anglais, les Suisses, partisans de l'arbitrage (Bonghi, Sclopis, Henri Richard, Gladstone, Cobden). Dans le groupe de gauche, les Américains, les Espagnols (E. Castelar), les Allemands (Blumstschli, Buchner, Mad. de Suttner).

Au second plan sont les grands penseurs de jadis qui ont défendu la cause de la justice internationale (Franklin, Washington, Sully, Leibniz, Erasme, Mirabeau, Jean-Jacques Rousseau, l'abbé de Saint-Pierre, Fénelon).

Au dernier plan, les juges amphictyoniques, et les grands philosophes de l'antiquité, précurseurs de l'idée moderne.

« Per Arbitros ad Pacem » de M. Danger (Cliché Braun, Clément et Cie).

try, n'ont pas cessé de la proclamer inique et absurde. Les écrivains satiriques et les poètes, depuis La Bruyère et Voltaire jusqu'à Henri Heine, Victor Hugo et Lamartine, l'ont déclarée inique

Fénelon (1651-1714).

et absurde. Et pour la défendre, pour la trouver belle, et juste et rationnelle, on ne trouve guère que Joseph de Maistre, Hegel, de Moltke et M. de Vogüé (1).

Depuis l'origine des temps, le monde est comme déchiré entre deux principes contraires, le bien et le mal, Ormuzd et Ahriman. D'une part, le principe de lumière, de fraternité, de paix, de civili-

(1) On lira plus loin quelques extraits qui montreront avec quelle vigueur la lutte contre la guerre a été entreprise. Nous ne voudrions pas affaiblir la haute et saine éloquence de ces maîtres, en la mutilant. L'instituteur puisera là des modèles de ce qu'il faudrait enseigner aux jeunes gens.

sation : il est représenté par la science et par l'Évangile. D'autre part, le principe de guerre, de haine, de sang, représenté par les despotes et les conquérants. D'un côté Attila, et de l'autre Leibniz. Le pape Léon XIII est avec Leibniz, mais M. de Vogüé est du parti d'Attila.

L'évolution de l'idée de l'arbitrage et de la paix

Richard Cobden.

à travers les âges mériterait aussi une histoire. Récemment un peintre éminent en a fait le sujet d'un admirable tableau que M. Labbé a offert au Tzar, au Tzar qui est actuellement le plus illustre et le plus puissant défenseur des idées pacifiques.

On voit sur ce tableau, groupés autour du

tzar Alexandre III, tous ceux qui, dans le passé ou dans le présent, par leurs actes ou par leurs paroles, ont contribué à défendre les idées d'arbitrage et de paix.

Il nous est impossible ici de les nommer tous, et de reprendre dès le début la marche progres-

Hodgson Pratt.

sive de l'idée pacifique au travers des guerres qui ont ensanglanté notre misérable humanité.

Pourtant, il convient de mettre au premier rang un grand philosophe, Leibniz, et un grand chrétien, Fénelon, Fénelon qui osa déclarer au roi Louis XIV que la guerre était un fléau cruel pour les peuples, Fénelon, qui dans son *Télémaque* propose l'institution d'un tribunal pour juger les différends entre les nations et pour faire cesser les massacres des guerres.

Après Fénelon vint l'abbé de Saint-Pierre (1713) qui imagina un projet de paix perpétuelle *à l'aide d'institutions analogues à celles qui préservent au sein de chaque état la vie et la propriété des citoyens.*

A la fin du XVIIIe siècle, Kant, dont le génie phi-

John Bright.

losophique fut aussi puissant que celui de Leibniz, avait formulé aussi un projet de paix perpétuelle. Mais ces tentatives de Leibniz, de Fénelon, de l'abbé de Saint-Pierre et de Kant avaient été dédaignées par les politiciens, inconnues de la foule et raillées par les philosophes.

Ce sont les hommes d'État anglais, Henri Richard, John Bright et Richard Cobden, qui les premiers ont fait passer la conception philosophique de l'arbitrage dans la réalité des faits. Ils ont ému l'opinion publique, si lente à s'émouvoir; ils ont créé autour d'eux un grand mouvement pacifique qui s'est étendu bien au delà des limites britanniques et qui peu à peu a gagné le monde.

Ch. Renouard (1794-1878).

Charles Lemonnier, Jules Simon, Charles Renouard, l'aïeul de celui qui écrit ce livre, furent les apôtres de cette grande idée en France; Bonghi, Sclopis en Italie; Laveleye en Belgique.

Aujourd'hui la cause de l'arbitrage a de puissants et éloquents défenseurs dans chaque pays. Et, pour ne citer que les plus illustres, je me contenterai de nommer M. Frédéric Passy en France, M. Hodgson Pratt, M. W. Stead en Angleterre,

M. Elie Ducommun en Suisse, M. Moneta en Italie, Mad. de Süttner en Allemagne, M. de Bajer en Danemark, M. Decamps et M. Lafontaine en Belgique, M. Magalhaës Lima en Portugal, M. Marcoartu et le noble M. Emilio Castelar en Espagne.

Il était aussi un pacifique, ce grand Alfred

Frédéric Passy.

Nobel qui vient de mourir. Pourtant il avait inventé des engins de destruction épouvantables : la poudre sans fumée et la dynamite. Mais il a eu la pensée hardie de léguer une partie de sa colossale fortune à ceux qui, au lieu de fomenter la guerre, travailleraient à la faire disparaître. « Je lègue, dit-il dans son testament (1897), une part de ma fortune (cette part équivaut à une somme annuelle de deux cent mille francs) à celui qui aura agi le plus ou le mieux pour la fraternité des peuples et l'abolition ou la réduction des armées permanentes, ainsi que pour la constitution ou la propagation des congrès de la paix. »

Mais tous ces hommes vaillants qui défendent la cause de la paix ne se préoccupent guère du prix Nobel. L'argent leur importe aussi peu que les faveurs du public. Ils savent que ce qui les attend, c'est l'épaisse indifférence de la masse, c'est le sourire sarcastique des hommes d'élite, c'est l'injure de quelques égarés qui les accuseront d'ignorer l'amour de la patrie.

Indifférence, sarcasmes ou injures, ils ne s'en émeuvent point. Ils vont leur chemin, convaincus qu'ils luttent pour adoucir les pires des misères humaines, celles que l'homme se crée à lui-même, celles qu'avec un peu d'intelligence ou d'énergie il pourrait faire disparaître.

X

CONCLUSION

Nous devons chercher maintenant à dégager les conclusions qui résultent de cette étude.

Il s'agit, pensons-nous, du premier progrès que l'humanité ait le droit et le devoir de réaliser. Peut-être, dans un avenir plus ou moins éloigné, les hommes connaîtront-ils des formes sociales moins brutales que les formes actuelles. Peut-être des vérités, que nous ne soupçonnons même pas, apparaîtront-elles au grand jour. Tout est possible ; car nous sommes encore dans l'enfance. Mais ce qui est certain, c'est que le premier pas à faire en avant, c'est la suppression de la guerre, et conséquemment du militarisme.

Nous avons essayé de montrer que la guerre est un fléau ; qu'elle fait périr plus d'hommes que la plus meurtrière des épidémies ; que, même dans l'état de paix, elle consomme sans profit les énergies et les forces vives des nations ; qu'elle n'a d'autre moyen que la violence, d'autre raison d'être que le pillage, d'autre résultat que la misère, et que rien ne la justifie.

Au début des sociétés, les hommes étaient forcés de se défendre eux-mêmes ; il n'y avait ni police pour refréner les attentats, ni tribunaux pour juger les différends. Puis une organisation sociale a mis le droit à la place du crime, et les individus ont été protégés par les lois, à condition de se soumettre à ces lois.

Ce régime de droit substitué au régime de violence, s'il existe pour les particuliers, n'existe pas encore pour les nations. Les principes du droit international sont méconnus et presque inconnus, puisque, pour juger les désaccords entre les peuples, la force est toujours ou presque toujours le suprême moyen.

On a vu par quelques exemples quelles monstruosités cet emploi de la force entraîne. Vainement on essaye de donner à notre état social le beau mot de civilisation ; nous ne sommes encore que des sauvages, et sauvages nous resterons, tant que le principe de la guerre subsistera.

Mais comment faire disparaître la guerre ?

Peut-être exagère-t-on les difficultés. Le jour où les peuples auront enfin compris que la guerre n'a jamais profité qu'à quelques aventuriers, qu'elle porte la mort et la ruine partout, qu'elle retarde notre marche vers cet idéal de justice que tous nous entrevoyons nettement, ce jour-là il n'y aura plus de guerres à craindre, et les armes tomberont d'elles-mêmes des mains des soldats enfin désabusés.

Mais, avant que cette notion de la fraternité et de la solidarité humaines aient pénétré les âmes — et nous en sommes bien loin encore, hélas ! — il faut organiser ce qui peut dès demain empêcher la guerre, c'est-à-dire l'*arbitrage*.

De même que des particuliers, divisés par une querelle, sont forcés de s'adresser à un tribunal qui décide entre eux, de même les nations devraient être contraintes de porter leur différend devant un *tribunal arbitral* qu'elles auraient choisi d'un commun accord.

La forme suivant laquelle sera constitué ce tribunal importe peu. L'essentiel est qu'il existe, et qu'au lieu d'être jugé par les hasards aveugles du champ de bataille, le litige soit instruit par des magistrats, qui prononceront souverainement, et dont la décision fera loi.

Voilà ce qu'il faut obtenir, en procédant par étapes successives, c'est-à-dire d'abord par des traités d'arbitrage spéciaux entre tel et tel peuple, puis par des traités d'arbitrage généraux, puis enfin par la constitution d'un puissant tribunal arbitral qui prononcera ses arrêts sans appel.

Il faut que tous, par notre parole, par nos écrits, par notre profonde et immuable conviction, nous entraînions dans cette voie ceux qui hésitent, ceux qui ont peur, ceux qui ne comprennent pas. On ne nous suivra que si, nous, les apôtres de cette grande idée, nous sommes bien résolus à marcher en avant.

Redisons-le bien haut, pour qu'on nous comprenne. Nous ne sommes ni des utopistes, ni des rêveurs. Ce que nous demandons est déjà à demi réalisé.

La noble idée de l'arbitrage entre les nations n'est pas une chimère. L'histoire est là pour établir que c'est un fait, palpable, authentique, incontesté et incontestable. Depuis quarante ans, il y a eu près de deux cents arbitrages, et ils sont devenus une vraie institution diplomatique.

Il est vrai que les esprits simples et naïfs du bon peuple, menés par quelques énergumènes, pervertis par de sottes prédications, s'imaginent volontiers que la suppression de la guerre serait une honte, et que la vraie supériorité d'un peuple consiste à prendre aux nations voisines leur or et leurs territoires. Toute gloire se confond pour eux avec la gloire militaire. Leur idéal est de se faire conduire par un aventurier, roi légitime ou usurpateur, soudard galonné et botté, qui, sur un cheval blanc ou un cheval noir, avec un panache ou un petit chapeau, parcourt au galop le champ de bataille jonché de morts. Ils n'ont pas d'autre rêve; et il ne sera peut-être pas facile de les faire changer d'avis.

Ces fanatiques du sang versé, — le sang des autres, bien entendu, — nous n'essayerons pas de les convaincre. Mais ne nous lassons pas de montrer la vérité aux infortunés qu'ils abusent.

Car la vérité est éblouissante. Elle ne peut tarder à apparaître. Oui, nous convaincrons les peuples. Oui, nous transformerons l'esprit des enfants. Nous éclairerons les pensées, obscures encore, des paysans, des ouvriers, de cette pauvre chair à canon, qui a jusqu'ici docilement servi à procurer de la gloire et de l'argent aux grands chefs.

Enfants du peuple, de chaque côté du Rhin, des Alpes, du Danube et de la Manche, enfants du peuple, si vous souffrez, c'est à cause de la guerre et du régime militaire. Il ne dépend que de vous, par vos votes, de faire changer cet état de choses. Voilà la vraie Bastille qu'il faut démolir.

Alors commencera vraiment l'aurore des temps

modernes. Ce ne sera pas l'âge d'or! hélas, car il restera encore de grandes réformes à exécuter.

Mais, si ce n'est pas l'âge d'or, ce sera au moins la fin de la barbarie.

Le Conquérant, de F. Stuck.
Hennis d'orgueil, ô mon coursier fidèle, et foule aux pieds les peuples et les rois !
(D'après la gravure publiée dans « Ueber Land und Meer » Stuttgard.)

XI

CE QUE LES PENSEURS ONT PENSÉ DE LA GUERRE

Que si l'on vous disait que tous les chats d'un grand pays se sont assemblés par milliers dans une plaine, et qu'après avoir miaulé tout leur saoul, ils se sont jetés avec fureur les uns sur les autres, et ont joué ensemble de la dent et de la griffe, que de cette mêlée il est demeuré de part et d'autre neuf à dix mille chats sur la place, qui ont infecté l'air à dix lieues de là par leur puanteur, ne diriez-vous pas : « Voilà le plus abominable sabbat dont on ait jamais ouï parler »? Et si les loups en faisaient de même, quels hurlements, quelle boucherie! Et si les uns et les autres vous disaient qu'ils aiment la gloire, concluriez-vous de ce discours qu'ils la mettent à se trouver à ce beau rendez-vous, à détruire ainsi et à anéantir leur propre espèce; ou, après l'avoir conclu, ne ririez-vous pas de tout votre cœur de l'ingénuité de ces pauvres bêtes?

La guerre a pour elle l'antiquité; elle a été dans tous les siècles : on l'a toujours vue remplir le monde de veuves et d'orphelins, épuiser les familles d'héritiers, et faire périr les frères à une même bataille...

De tout temps les hommes, pour quelque morceau de terre de plus ou de moins, sont convenus entre eux de se dépouiller, se brûler, se tuer, s'égorger les uns les autres; et, pour le faire plus ingénieusement et avec plus de sûreté, ils ont inventé de belles règles, qu'on appelle l'art militaire : ils ont attaché à la pratique de ces règles la gloire, ou la plus solide réputation ; et ils ont depuis enchéri, de siècle en siècle, sur la manière de se détruire réciproquement.

La Bruyère.

Quant à la guerre, qui est la science de nous entre-défaire et entre-tuer, de ruiner et perdre notre propre espèce, il semble qu'elle n'a pas beaucoup de quoi se faire désirer aux bêtes qui ne l'ont pas.

Montaigne.

Je ne suis pas un homme d'Etat... Je suis un simple citoyen, le délégué d'un grand nombre. Ah! que je ne sois pas seul à condamner et à flétrir cette guerre! Et quand même je serais seul, si ma voix devait rester solitaire au milieu des fracas des armes et des cris d'une presse vénale, j'aurais toujours la consolation, cette consolation sans prix, que pas une parole de moi n'aura contribué à dissiper les épargnes de mon pays, ni à répandre une seule goutte du sang de ma patrie.

John Bright.

(Extrait d'un discours prononcé à la Chambre des Communes, avant la guerre de Crimée, en 1854.)

On punit les meurtres que les particuliers commettent. Et que dira-t-on des guerres, et de ces massacres que nous appelons glorieux, parce qu'ils détruisent des nations entières? L'amour des conquêtes est une folie : les conquérants sont des fléaux plus funestes à l'humanité que les déluges et les tremblements de terre. Alexandre, brigand dès l'enfance, destructeur des nations, estimait comme souverain bien d'être la terreur des hommes.

SÉNÈQUE.

Y a-t-il rien de plus plaisant qu'un homme ait le droit de me tuer parce qu'il demeure au delà de l'eau et que son prince a querelle contre le mien, quoique je n'en aie aucune contre lui ?

PASCAL.

Si quelque chose est effroyable, s'il existe une réalité qui dépasse le rêve, c'est ceci : vivre, voir le soleil, être en pleine possession de la force virile, avoir la santé et la joie, rire vaillamment, courir vers une gloire qu'on a devant soi, éblouissante, se sentir dans la poitrine un poumon qui respire, un cœur qui bat, une volonté qui raisonne, parler, penser, espérer, aimer, avoir une mère, avoir une femme, avoir des enfants, avoir la lumière, et tout à coup, le temps d'un cri, en moins d'une minute, s'effondrer dans un abîme, tomber, rouler, écraser, être écrasé, voir des épis de blé, des fleurs, des feuilles, des branches, ne pouvoir se retenir à rien, sentir son sabre inutile, des hommes sous soi, des chevaux sur soi, se débattre en vain, les os brisés par quelque ruade dans les ténèbres, sentir un talon qui vous fait jaillir les yeux, mordre avec rage des fers de chevaux, étouffer, hurler, se tordre, être là-dessous, et se dire : « Tout à l'heure j'étais un vivant ! »

VICTOR HUGO.

Ce fut après le déluge que ces ravageurs de provinces que l'on a nommés conquérants, poussés par la seule gloire du commandement, ont exterminé tant d'innocents... Depuis ce temps, l'ambition s'est jouée, sans aucune borne, de la vie des hommes; ils en sont venus à ce point de s'entretuer sans se haïr. Le comble de la gloire et le plus beau des actes a été de se tuer les uns les autres.

BOSSUET.

La guerre réunit tout ce que la perfidie a de plus lâche dans les manifestes, tout ce que l'infâme friponnerie a de plus bas dans les fournitures des armées, tout ce que le brigandage a de plus affreux dans le pillage, le viol, le larcin, la dévastation, la destruction.

VOLTAIRE.

C'est donc là votre chemin vers l'immortalité ! Détruire les cités, dévaster les territoires, exterminer les peuples libres ou les asservir. Plus ils ont ruiné, pillé, tué d'hommes, plus ils se croient nobles et illustres ; ils parent leurs crimes du nom de vertu. Celui qui donne la mort à une seule personne est flétri comme un criminel..... Mais massacrez des milliers d'hommes, inondez la terre de sang, infectez les fleuves de cadavres, on vous donne une place dans l'Olympe.

LACTANCE.

Ainsi un seul homme, donné au monde par la colère des dieux, en sacrifie brutalement tant d'autres à sa vanité ! Il faut que tout périsse, que tout nage dans le sang, que tout soit dévoré par les flammes, que tout ce qui échappe au fer et au feu ne puisse échapper à la faim, encore plus cruelle, afin que cet homme, qui se joue de la nature humaine entière, trouve dans cette destruction générale son plaisir et sa gloire. Quelle gloire monstrueuse ! Peut-on trop abhorrer et trop mépriser des hommes qui ont tellement oublié l'humanité ? Non, non ! bien loin d'être des demi-dieux, ce ne sont pas même des hommes.

FÉNELON.

Un homme en tue un autre pour lui prendre sa bourse ; on l'arrête, on l'emprisonne, on le condamne à mort, et il meurt ignominieusement, maudit par la foule, la tête coupée sur la hideuse plate-forme. Un peuple en massacre un autre pour lui voler ses champs, ses maisons, ses richesses, ses coutumes ; on l'acclame, les villes se pavoisent pour le recevoir quand il rentre couvert de sang et de dépouilles, les poètes le chantent en vers enivrés, les musiques lui font fête ; il y a des cortèges d'hommes avec des drapeaux et des fanfares, des cortèges de jeunes filles avec des rameaux d'or et des bouquets qui l'accompagnent, le saluent comme s'il venait d'accomplir l'œuvre de vie et l'œuvre d'amour. A ceux-là qui ont le plus tué, le plus pillé, le plus brûlé, on décerne des titres ronflants, des honneurs glorieux qui doivent perpétuer leur nom à travers les âges. On dit au présent, à l'avenir : « Tu honoreras ce héros, car à lui seul il a fait plus de cadavres que mille assassins. » Et, tandis que le corps de l'obscur meurtrier pourrit, décapité, aux sépultures infâmes, l'image de celui qui a tué trente mille hommes se dresse, vénérée, au milieu des places publiques, ou bien repose, à l'abri des cathédrales, sous des tombeaux de marbre bénit que gardent les saints et les anges. Tout ce qui lui a appartenu devient des reliques sacrées, et l'on se rend en foule dans les musées, ainsi qu'à un pèlerinage, pour y admirer son épée, sa masse d'armes, sa cotte de mailles, le panache de son casque, avec le regret de n'y point voir les éclaboussures du sang des anciennes tueries.

OCTAVE MIRBEAU.

La guerre, c'est le meurtre ; la guerre, c'est le vol.

C'est le meurtre, c'est le vol, enseignés et commandés aux peuples par leurs gouvernements.

C'est le meurtre, c'est le vol, acclamés, blasonnés, dignifiés, couronnés.

C'est le meurtre, c'est le vol, moins le châtiment et la honte, plus l'impunité et la gloire.

C'est le meurtre, c'est le vol, soustraits à l'échafaud par l'arc de triomphe.

C'est l'inconséquence légale, car c'est la société ordonnant ce qu'elle défend, et défendant ce qu'elle ordonne ; récompensant ce qu'elle punit et punissant ce qu'elle récompense, glorifiant ce qu'elle flétrit et flétrissant ce qu'elle glorifie : le fait étant le même, le nom seul étant différent.

EMILE DE GIRARDIN.

On voit tous les jours de graves personnages, ayant l'apparence et la réputation d'hommes de sens, débiter d'un ton magistral que les quatre plus grands hommes de la terre furent Alexandre, Annibal, César et Napoléon. Quoi! dans notre siècle, au milieu d'hommes éclairés, on peut prononcer, sans exciter le rire, d'aussi vieilles niaiseries! On a gardé ce fétichisme pour les conquérants, cette admiration aveugle et enfantine pour ce qu'on appelle le génie militaire!

P. LEROY-BEAULIEU.

Mettez des petits chiens dans un sac et secouez le sac, tous les chiens se mordront entre eux ; il ne viendra à aucun l'idée de mordre la main qui les secoue.

HARRINGTON.

Quand je songe seulement à ce mot, la guerre, il me vient un effarement comme si on me parlait de sorcellerie, d'inquisition, d'une chose lointaine, finie, abominable, monstrueuse, contre nature.

Quand on parle d'anthropophages, nous sourions avec orgueil, en proclamant notre supériorité sur ces sauvages.

Quels sont les sauvages, les vrais sauvages? Ceux qui se battent pour manger les vaincus ou ceux qui se battent pour tuer, rien que pour tuer?

Les petits lignards qui courent là-bas sont destinés à la mort comme les troupeaux de moutons que pousse un boucher sur les routes. Ils iront tomber dans une plaine, la tête fendue d'un coup de sabre ou la poitrine trouée d'une balle; et ce sont de jeunes hommes qui pourraient travailler, produire, être utiles. Leurs pères sont vieux et pauvres; leurs mères, qui, pendant vingt ans, les ont aimés, adorés, comme adorent les mères, apprendront, dans six mois ou un an peut-être, que le fils, l'enfant, le grand enfant élevé avec tant de peine, avec tant d'argent, avec tant d'amour, fut jeté dans un trou, comme un chien crevé, après avoir été éventré par un boulet et piétiné, écrasé, mis en bouillie par les charges de cavalerie. Pourquoi a-t-on tué son garçon, son beau garçon, son seul espoir, son orgueil, sa vie? Elle ne le sait pas. Oui, pourquoi?

La guerre!... se battre!... égorger!... massacrer des hommes!... Et nous avons aujourd'hui, à notre époque, avec notre civilisation, avec l'étendue de science et le degré de philosophie où l'on croit parvenu le génie humain, des écoles où l'on apprend à tuer, à tuer de très loin, avec perfection, beaucoup de monde en même temps, à tuer de pauvres diables d'hommes innocents, chargés de famille, et sans casier judiciaire.

Et le plus stupéfiant, c'est que le peuple ne se lève pas contre les gouvernements. Quelle différence y a-t-il donc entre les monarchies et les républiques ? Le plus stupéfiant, c'est que la société tout entière ne se révolte pas à ce seul mot de guerre.

GUY DE MAUPASSANT.

Je voudrais voir les gens qui poussent à la guerre,
Sur un champ de bataille, à l'heure où les corbeaux
Crèvent à coups de bec et mettent en lambeaux
Tous ces yeux et ces cœurs qui s'enflammaient naguère.

Tandis que flotte au loin le drapeau triomphant
Et que, parmi ceux-là qui gisent dans la plaine,
Les doigts crispés, la bouche ouverte et sans haleine,
L'un reconnaît son père, et l'autre son enfant !

Oh ! je voudrais les voir, lorsque, dans la mêlée,
La gueule des canons crache à pleine volée
Des paquets de mitraille au nez des combattants,

Les voir, tous ces gens-là, prêcher leurs théories
Devant ces fronts troués, ces poitrines meurtries
D'où la mort a chassé des âmes de vingt ans !

PONSARD.

Est-ce que cela console une mère qui pleure son fils tué, de penser qu'il y a une autre mère qui a perdu deux fils? Est-ce que le laboureur, dont le champ a été ravagé, trouvera une compensation dans l'idée qu'à deux cents lieues de là on a ravagé les champs de deux laboureurs? Est-ce que cela fera jaunir le blé dans les sillons en friche, qu'il y ait des sillons en friche dans d'autres pays? Et cependant, voilà sur quoi s'est fondée jadis la gloire des conquérants! Je vous ai surchargés d'impôts, j'ai fait de vos champs le tapis où je jouais vos fils; mais la bataille est finie; voici les cadavres amoncelés en deux tas : quel est le plus gros?

ALPHONSE KARR.

La faim instruisit les barbares au meurtre, les poussa aux guerres, aux invasions. Les peuples civilisés sont comme les chiens de chasse. Un instinct corrompu les excite à détruire sans profit ni raison. La déraison des guerres modernes se nomme intérêt dynastique, nationalité, équilibre européen, honneur. Ce dernier motif est peut-être de tous le plus extravagant; car il n'est pas un peuple au monde qui ne soit souillé de tous les crimes et couvert de toutes les hontes. Il n'en est pas un qui n'ait subi toutes les humiliations que la fortune puisse infliger à une misérable troupe d'hommes. Si toutefois il subsiste encore un honneur dans les peuples, c'est un étrange moyen de le soutenir que de faire la guerre, c'est-à-dire de commettre tous les crimes par lesquels un particulier se déshonore : incendie, rapine, viol, meurtre.

ANATOLE FRANCE.

Le droit de la paix, je le connais assez : c'est de tenir sa parole, et de laisser tous les hommes jouir des droits de la nature ; mais, pour le droit de la guerre, je ne sais ce que c'est. Le code du meurtre me semble une étrange imagination. J'espère que bientôt on nous donnera la jurisprudence des voleurs de grand chemin.

VOLTAIRE.

Je crois invinciblement que la science et la paix triompheront de l'ignorance et de la guerre, que les peuples s'entendront, non pour détruire, mais pour édifier, et que l'avenir appartiendra à ceux qui auront le plus fait pour l'humanité souffrante.

PASTEUR.

Nous, les vaincus d'hier, osons le crier à la face du monde témoin de nos récentes défaites, et que les ressentiments de notre orgueil blessé n'éteignent pas en nous l'intelligence des vérités éternelles ; la paix est bonne, la guerre est criminelle. Notre bien-aimée patrie ne peut donner un plus éclatant témoignage de sa renaissance qu'en ne sacrifiant pas à ses rancunes la cause de la civilisation. Qu'elle dédaigne de demander à la force la revanche qu'elle attend ; il est digne d'elle de rechercher dans la primauté du droit la réparation de ses maux et le retour de tous ses enfants.

CH. RENOUARD (1872).

La Paix, de Raphaël.
(Cliché Alinari frères, Florence.)

XII

UN RÊVE DE GUERRE (1)

Il s'étendit sur son lit et s'endormit. Tout d'un coup, il crut entendre comme un grand bruit de pas dans la rue: une marche cadencée, régulière, rythmique, ainsi que celle d'une troupe en marche. Il alla à la fenêtre et l'ouvrit.

C'étaient bien des soldats qui défilaient.

La nuit n'était pas sombre, et la lune éclairait les képis des hommes, mais surtout les baïonnettes étincelantes; au milieu des rangs on distinguait les officiers à cheval, l'état-major, les commandants, les capitaines. Ils allaient rapidement, pressés les uns contre les autres. Il semblait à William que la rue s'était élargie, et qu'il y avait sur le même rang, marchant de front, plus d'hommes que la petite rue ne paraissait pouvoir en contenir. Mais il ne s'en étonna pas.

A la clarté de la lune il apercevait les figures des soldats. Ils étaient jeunes, très pâles, plutôt des enfants que des hommes. Ils ne poussaient pas un cri, et ils marchaient silencieusement.

(1) L'auteur de ce livre, cédant aux préoccupations qui le hantent depuis longtemps, a essayé jadis, dans ces pages que nous croyons pouvoir reproduire ici, de dépeindre, au risque de les affaiblir, quelques-unes des horreurs de la guerre.

Pourtant le bruit sourd de leurs pas ébranlait les vitres : c'était ce frémissement qui avait attiré William à la fenêtre.

Ils passaient, passaient toujours !

Après l'infanterie, la cavalerie. Les chevaux avançaient sur un seul front, si large qu'on pouvait à peine distinguer les formes de ceux qui étaient éloignés. Les têtes des dragons, les poitrines des cuirassiers, aux rayons de la lune, jetaient des reflets d'argent; et toujours, toujours, les chevaux et les hommes passaient. Après ceux-là, il y en avait d'autres, et d'autres encore.

Puis l'artillerie, au trot, défila, avec ses canons, ses affûts, ses caissons; ils pressaient l'allure, et leur passage faisait trembler le sol.

Mais toute cette foule restait muette. On n'entendait ni les chevaux souffler, ni les officiers commander, ni les soldats parler.

Ils passaient, passaient toujours !

La rue s'était agrandie. C'était comme une immense avenue sans fin, et au loin, à perte de vue, on voyait reluire les baïonnettes, étinceler les casques, miroiter les canons de cuivre.

Après ceux-là, d'autres venaient, et d'autres encore; et toujours c'étaient les mêmes figures d'enfants, blafards, livides, sans moustaches. Il y avait, tout près du mur, une borne, derrière laquelle, pour aller plus vite, quelques soldats défilaient en courant, et, au moment où ils passaient, sachant peut-être que William était là à les regarder, ils tournaient la tête vers lui comme pour le supplier. William pouvait alors distinguer leurs visages. Ils avaient l'angoisse dans les yeux, et leurs traits étaient contractés par l'épouvante. Il y en eut un qui ouvrit la bouche, désespéré, comme pour crier ; mais William n'entendit aucun cri.

A mesure qu'ils passaient, ils hâtaient le pas. Maintenant, les fantassins couraient, tellement serrés les uns contre les autres qu'on ne voyait plus que leurs têtes et leurs képis ; puis, de nouveau, les cavaliers, au grand galop; puis les canons et les artilleurs dans une course précipitée.

Et l'immense avenue s'élargissait toujours, et elle devenait longue, longue, avec ce flot humain qui la parcourait, comme les vagues de la mer succédant aux vagues. Il n'y avait pas de fin, et les flots étaient si pressés, si rapides, qu'on ne pouvait pas supposer qu'il y aurait jamais une fin.

Combien de temps dura cet effroyable écoulement d'hommes? Une heure? deux heures? deux jours? un an peut-être? Oui, cela durait depuis un an, terrible, solennel, irrésistible.

Soudain William se sentit légèrement tiré par le pan de son habit.

Il se retourna brusquement.

Il n'était plus dans sa chambre, mais dans une vaste plaine hérissée de quelques monticules. Au fond, un ravin, puis une colline un peu plus haute : derrière cette colline la lune éclairait une nappe d'eau qui scintillait.

William, cherchant à saisir les idées qui fuyaient dans sa mémoire, reconnaissait cette plaine, ce ravin, cette mer lointaine. N'était-ce pas là que des cadavres chinois gisaient entassés, sur les bords du fleuve Amour ?...

Un instant la pensée que toutes ces visions étaient un rêve lui traversa l'esprit; mais pourtant les dessins des objets étaient si nets qu'il ne pouvait douter de leur réalité; il saisissait tous les détails des pierres à demi enfoncées dans des flaques de boue et de neige, et des rafales lui fouettaient la figure.

Et puis le violent désir de voir et de savoir lui enlevait toute volonté.

Au loin dans la plaine, on entendait un grondement sourd, monotone.

« Mais c'est le canon! » dit William.

Partout, à droite, à gauche, en avant, en arrière, au nord et au sud, au couchant et à l'occident, le canon ébranlait l'air.

« Une grande bataille! » dit-il encore à haute voix.

Il voulut faire un pas en avant; mais, de nouveau il sentit quelque chose ou quelqu'un qui le tirait en arrière.

Il se baissa, et vit un homme couché par terre qui le regardait; sa main crispée retenait énergiquement l'habit de William. Ses yeux étaient ternes, sa figure pâle. William reconnut alors le jeune soldat qui, tout à l'heure, en passant devant lui, avait voulu crier. Sa figure exprimait une souffrance atroce, et il semblait demander grâce. William lui prit la main pour le relever; mais il sentit cette main fondre dans la sienne avec un craquement d'os brisés, comme des coquilles de noix broyées ensemble. William retira rapidement sa main, et à la clarté de la lune il s'aperçut qu'elle était devenue toute rouge.

Il recula, ne pouvant maîtriser un premier mouvement d'horreur, quand il se sentit touché au genou.

C'était encore un soldat, et un soldat blessé. Il regardait William avec des yeux tristes, très doux et très tristes. Sa capote, en avant de la poitrine, était déchirée, et, chaque fois qu'il respirait, on voyait sortir un petit flot de sang. Le blessé, relevant la tête, regardait toujours William, avec les mêmes yeux fixes. Puis, soudain, les yeux se fermèrent, la tête retomba; la figure devint livide, et les traits eux-mêmes disparurent... si bien que c'était maintenant une tête de mort, avec le rictus ironique des dents blanches, le trou du nez, triangulaire, et les deux excavations sombres des orbites. Sous le képi rouge, trop large, portant encore le numéro 130 du régiment, ce squelette faisait un effet grotesque et horrible à la fois.

William, épouvanté, voulut s'enfuir; mais son pied heurta contre un corps, et il entendit un soupir profond, si douloureux qu'il frissonna. C'était un officier, comme le montraient les cinq galons de la capote. Il gisait sur la terre ensanglantée, et on ne pouvait reconnaître ses traits, car toute la face était devenue une large plaie béante.

Et le canon vibrait toujours, avec ce même ronflement sinistre; et les coups se succédaient, de plus en plus pressés.

Alors seulement, regardant autour de lui, William aperçut des formes qu'il n'avait pas vues jusqu'alors : des canons brisés, des chevaux éventrés ; tout près de lui, sur les débris d'un caisson qui avait éclaté, étaient couchés trois artilleurs qui ne remuaient plus ; leurs vêtements et leurs figures étaient brûlés, noirs de poudre, et leurs membres disloqués pendaient.

Des gémissements lugubres, des plaintes sourdes frémissaient de tous côtés.

Il voulut aller plus loin, pour voir, pour savoir, pour comprendre ; mais, en avançant, il heurta un blessé qui poussa un grand cri. Le ventre était ouvert, et les intestins, sortant en désordre, s'enroulaient dans la boue.

Partout, autour de lui, il y avait des cadavres, des blessés, des moribonds, des os brisés, des hurlements, des soupirs, des sanglots. Tout était confondu, soldats, officiers, chevaux ; tous les grades, tous les régiments, tous les peuples : des soldats russes avec leurs grandes capotes grises, des hulans, des cosaques, des hussards, des lanciers, des bersaglieri, des zouaves, des turcos, des dragons, des cuirassiers, des fantassins surtout. Pour avancer, il fallait passer par-dessus des corps, et, malgré ses précautions, toujours William heurtait quelque chose en passant, et chaque fois c'était une plainte, un blasphème, un grincement de dents dans l'ombre.

Au loin, à perte de vue, dans l'immense plaine, les victimes étaient étendues : c'était un amoncellement formidable ; les hommes qu'il avait vus défiler tout à l'heure dans la rue étaient ceux qu'il revoyait maintenant, gisant à terre, et ils y étaient tous, car la plaine était sans fin.

Maintenant, sans se préoccuper des gémisse-

Apothéose de la guerre, de Werestchagin.

ments et des sanglots, William courait pour fuir cet affreux spectacle. Ses pieds enfonçaient dans une boue visqueuse et rouge ; et les malédictions éclataient autour de lui, car il écrasait des membres déchirés, il broyait des têtes sanglantes, il mettait le talon sur des poitrines ouvertes. Mais il avait hâte de fuir, de ne plus voir, de ne plus entendre ; et il avait beau marcher, il avait beau courir, la plaine continuait toujours, avec des milliers et des milliers de soldats couchés sur elle.

Soudain, devant lui, une hauteur apparut. C'était comme une pyramide assez régulière. Oui, il avait déjà vu autrefois cette pyramide! En regardant, il s'aperçut qu'elle n'était pas faite avec des pierres, mais avec des têtes humaines coupées au ras du tronc, grimaçantes, saignantes. De grands vautours, battant des ailes, allongeaient le cou en arrivant, et d'autres, qui étaient déjà venus, faisaient claquer leurs becs qui vidaient des orbites.

Alors, sans savoir pourquoi, poussé par une sensation irrésistible, il se retourna, devinant que quelque chose était derrière lui. C'était encore une pyramide, formée, non plus de têtes humaines, mais de corps humains. Elle était tellement haute, qu'elle se perdait dans le ciel, ainsi qu'une montagne colossale, plus haute que toutes les montagnes de la terre. Des nuées blanches, éclairées par la lune, en masquaient le sommet. Et William comprit tout de suite que les blessés et les mourants étendus tout à l'heure dans la plaine étaient venus s'entasser là. Comment? il ne pouvait pas le dire. Mais c'étaient bien eux : il les reconnaissait, il voyait les mêmes uniformes, il entendait les mêmes gémissements. Des corbeaux, des vautours tourbillonnaient sur les flancs de cette étrange montagne, et l'odeur était si horrible que William se sentit défaillir.

Il allait tomber, quand une main vigoureuse le saisit par le bras.

Près de lui se tenait debout un homme de grande taille, enveloppé d'un long manteau noir. William allait dire : « Oncle Michael ! » quand l'homme, mettant gravement le doigt sur la bouche, d'un air impérieux, lui fit comprendre qu'il fallait se taire.

La parole de William expira sur ses lèvres.

C'était bien l'oncle Michael, mais pâle, mystérieux, avec des mouvements lents, une dignité sévère.

Il fit un geste, et tout disparut; et William se trouva sur le sommet d'une tour, au milieu d'une ville immense.

Il ne s'étonnait plus maintenant, mais regardait avec avidité le spectacle qui s'étalait au-dessous de lui.

Il voyait à ses pieds toutes les maisons de la ville, alignées les unes à côté des autres, riches ou pauvres, grandes ou petites, formant les rues, les avenues, les boulevards. Tout paraissait plongé dans un calme profond. On pouvait croire la paisible cité endormie dans un doux repos, quand soudain, par une effrayante lucidité de l'esprit, William put devenir le spectateur de ce qui s'agitait dans l'intérieur de chacune de ces maisons.

Les tuiles et les ardoises des toits ne l'empêchaient pas de voir.

Les habitants allaient et venaient, passant d'une chambre à l'autre ; il voyait distinctement leurs traits, leurs gestes, mais il ne pouvait rien entendre.

Dans la maison la plus proche, une femme, toute jeune encore, pleurait ; près d'elle un bébé, dans un berceau, était endormi ; mais un autre enfant, de huit ans à peine, éveillé par les sanglots de sa mère, s'était levé en chemise, et pleurait aussi sans comprendre.

Plus loin, dans un misérable logis, une vieille femme, toute seule, était en larmes, à genoux devant une photographie encadrée, que William, malgré la distance, put reconnaître : c'était le soldat qui avait crié, celui dont il avait touché la main ; et la pauvre vieille, en gémissant, se frappait le front contre terre.

Dans la maison voisine, toute une famille, très nombreuse, était réunie. Un vieillard, des femmes, en grand deuil, et des enfants de tout âge. Ils étaient assis, en cercle, autour d'une table sur laquelle s'étalait un uniforme déchiré, souillé de boue et de sang. William le reconnut : c'était celui du colonel qu'il avait entendu soupirer si douloureusement. Le vieillard, en tremblant, lisait à haute voix une lettre informe, et tous, dans la stupeur, écoutaient.

Dans les autres maisons, la même scène, presque identique, reparaissait. Il n'y avait guère de différence que par le luxe ou la misère. Mais c'étaient toujours, aussi bien dans les magnifiques hôtels somptueux que dans les taudis aux portes mal jointes, éclairés par une lampe fumeuse, la même désolation, les mêmes larmes. Des enfants qui se lamentaient, suspendus aux vêtements noirs de leur mère ; des bonnes vieilles, décrépites ; des vieillards à tête branlante qui pleuraient silencieusement, les yeux fixes, devant l'âtre ; des jeunes filles qui, seules dans leurs chambres, sanglotaient en se tordant les mains. Partout des larmes, des larmes, des larmes !

Et puis ce fut une autre ville, aussi grande que la première, qui apparut tout d'un coup, et il sembla alors à William que, soutenu par Michael, il pouvait franchir l'espace et planer au-dessus de la terre, à quelque distance du sol. Il voyait sous lui les fleuves qui serpentaient, avec les rivières plus petites qui venaient s'y perdre ; et, le long de ces fleuves, s'échelonnaient des villes, des villages, des hameaux ; et, dans chaque maison, il y avait des femmes, des vieillards, des enfants qui pleuraient.

Et Michael et William continuaient à naviguer dans l'air, franchissant les collines, les précipices, les vallées. Même au flanc des montagnes les plus solitaires, dans la chaumière isolée perdue au milieu des bois, il y avait encore des larmes.

« Quand cela finira-t-il ? se demandait William. »

Car il allait, allait toujours ; et toujours des pleurs, des sanglots, des gémissements, des mains levées au ciel, des douleurs muettes ou bruyantes, des gestes de colère ou de résignation !

Une douleur aiguë déchirait le monde.

Voici l'Allemagne maintenant, avec ses grandes cités populeuses; et, dans chacune des maisons de l'Allemagne, comme dans chacune des maisons de la France, toujours éclairées par une lueur mystérieuse, il y avait des larmes, et encore des larmes.

Soudain William sentit que cette course effrayante se précipitait, et qu'il allait être brisé par une chute rapide : car la main de Michael ne le soutenait plus.

Michael n'était plus là.

Il poussa un grand cri, et ce cri le réveilla.

BIBLIOT. NATIONALE R.F. IMPRIMÉS

BIBLIOGRAPHIE

des Journaux et des Ouvrages relatifs à l'Arbitrage et à la Paix

---

1° JOURNAUX ET REVUES

1. **L'Arbitrage entre nations.** — Revue mensuelle. 1re année, 1897. — Journal de la Société française d'arbitrage, 10, rue Pasquier, Paris. 2 francs par an ;

2. **La Paix par le Droit.** — Revue mensuelle. 1re année, 1891. — Journal de l'Association de la Paix par le Droit. Paris, 13, rue Soufflot. 2 francs par an ;

3. **La Conférence interparlementaire.** — Revue mensuelle publiée par le bureau interparlementaire pour l'Arbitrage international. 1re année, 1893. Berne. 5 francs par an ;

4. **Correspondance bi-mensuelle,** publiée par le Bureau international permanent de la Paix. 1re année, 1896. Berne. 2 francs par an ;

5. **Les États-Unis d'Europe.** — Revue mensuelle. Journal de la Ligue internationale de la Paix et de la Liberté. 28e année. Berne, Paris, Fischbacher. 2 francs par an ;

6. **Revue Libérale Internationale.** — Dir. Gaston Morin, Paris, 5, rue Bridaine. 10e année. 12 francs par an ;

7. **Concord.** — The journal of the international Arbitration and peace Association, 40, Outer Temple, Strand, London. 13e année. Revue mensuelle. 2 francs par an ;

8. **The Herald of Peace** and international Arbitration. — The Organ of the Peace Society. Revue bi-mensuelle, 47, New-Broad str., London. 15e année. 2 francs par an ;

9. **The Arbitration.** — Organ of the international Arbitration League. 2 francs par an. Dir. W. Randal Cremer, 11, Lincoln's Inn Fields, London ;

10. **Die Waffen nieder.** — 8e année. Revue mensuelle. Dir. Baronne Bertha von Suttner, Dresde. Pierson's Verlag ;

11. **La Vita Internazionale,** par E. Moneta. Milano. 1893, 2e année;

12. **La Liberta e la Pace.** — Organo della societa per la Pace e l'Arbitrato internazionale di Palermo. Revue bimestrielle. Palermo, d'Accio. 4 francs par an.

OUVRAGES

1. **Essai de Bibliographie de la Paix,** par H. Lafontaine (Institut Bibliographique). Bruxelles, 1891;

2. **Extrait de Projet de Paix perpétuelle,** de M. l'abbé de Saint-Pierre, par J.-J. Rousseau, citoyen de Genève, MDCCLVI, in-12 de 55 p.;

3. **Nouveau Projet de Traité de Paix perpétuelle,** par P.-R. Marchand. 1 vol. in-8°, 1842, J. Renouard, 392 p.;

4. **Principes généraux du Droit international public.** — De l'utilité de l'Arbitrage, par Thomas de Saint-Georges d'Armstrong. 2 vol. Paris, Larose et Forcel, 1890;

5. **Cause di guerra en Europa e Rimedi,** par Ignazio Scarabolli. 1 vol. in-8°, Ferrara, 295 p., 1890;

6. **Causes actuelles de la Guerre en Europe et de l'Arbitrage,** par E. De Laveleye. 1 vol. in-8°, Bruxelles, 1872;

7. **Des Moyens pratiques pour parvenir à la suppression de la Paix armée et de la Guerre,** par Raoul de la Grasserie. Paris, Alcan, 1894, in-8°, 100 p.;

8. **Du Règlement juridique des Conflits internationaux,** par Mérillon. — Discours prononcé à la séance solennelle de rentrée de la Cour d'appel de Paris. Paris, Maretheux, 1897;

9. **Formule d'un traité d'Arbitrage permanent entre nations,** par Ch. Lemonnier. Paris, Fischbacher, in-12, 1880, 38 p.;

10. **Giu le Armi.** — Almanacco illustrato per la pace. Milano, Typ. Bernardoni. Paraît tous les ans;

11. **Almanach de la Paix,** publié par l'Association de la paix par le droit. Paris, Plon, Nourrit et Cie. Paraît tous les ans;

12. **Essai sur l'Organisation de l'Arbitrage international,** par le chevalier E. Descamps, sénateur (Belgique). Une brochure in-4° de 64 p. Bruxelles, Guyot, 1896;

13. **Le Droit de la Paix et de la Guerre**, par E. Descamps. 1 vol. in-8° de 172 p. Rousseau, Paris, 1896;

14. **Les Offices internationaux**, 1 vol. in-8°, par E. Descamps, Guyot, Bruxelles, 1898;

15. **L'Arbitrage international**, par Ferdinand Dreyfus, avec une préface de Fréd. Passy. 1 vol. in-12. Paris, C. Lévy, 1892;

16. **La Guerre et ses prétendus bienfaits**, par J. Novicoff. 1 vol. in-12. Paris, A. Colin et Cie, 1894, 198 p.;

17. **Histoire documentaire des Arbitrages internationaux**, par H. Lafontaine. Conférence interparlementaire, 1898;

18. **L'Arbitrage international**, par Michel Revon. 1 vol. in-8°, 1896, 541 p.;

19. **Friedensstimme**, Wertvolle Anthologie des Friedens, 1896, par L. Katscher;

20. **La Guerre dans les diverses races humaines**, par Ch. Letourneau. Paris, Bataille, in-8°, 1895;

21. **Traité théorique et pratique de l'Arbitrage international.** — Le rôle du droit dans le fonctionnement actuel de l'institution et dans les destinées futures, par A. Mérignac. 1 vol. in-8°, 1894;

22. **Grandeur et Décadence de la Guerre**, par H. De Molinari. — 1 vol. in-12. Paris, Guillaumin, 1898;

23. **Les grands Artisans de l'Arbitrage et de la Paix** (*Per arbitros ad pacem*), par MM. Quesnel et Ansbert Labbé. Br. in-4° de 8 p. Paris, 1898;

24. **La Guerre et les Armées permanentes**, par Pierre Laroque, 1 vol. in-8°, 1864, Lacroix.

BIBLIOTHÈQUE NATIONALE R.F. IMPRIMÉS

TABLE DES FIGURES

28 Novembre

TABLE DES MATIÈRES

PARIS. — IMPRIMERIE P. MOUILLOT, 13, QUAI VOLTAIRE. — 13640

BIBLIOTHÈQUE NATIONALE — B.F.

www.ingramcontent.com/pod-product-compliance
Ingram Content Group UK Ltd.
Pitfield, Milton Keynes, MK11 3LW, UK
UKHW031842260826
14628UKWH00002B/539

9 782016 161272